# 死別の悲しみを乗り越えるために

## 体験から学びとること

《著》長田光展
Osada Mitsunobu

彩流社

# 目次

## I　死別といかに付き合うか

## Ⅱ　悲嘆《グリーフ》に関するQ&A

# Ⅰ　死別といかに付き合うか

# 喪失に伴うさまざまな感情——悲嘆（立ち直り）作業の「霊」的側面

二〇一二年二月四日、ＮＨＫテレビで、山田太一のテレビドラマ『キルトの家』を見る機会がありました。間もなく取り壊されることになる老朽団地を舞台に、「キルトの家」とあだ名された空き家に集まる老人たち、そして故あって引っ越してきた若者夫婦との淡い交流を重ねながら、生と死の交錯を見つめるという、とても興味深い作品でした。特に印象深かったのは、山崎努扮する老人が、「諸君！／魂のはなしをしましょう／魂のはなしを！／なんと長い間／ぼくらは　魂のはなしをしなかったんだろう……」と、リフレインのように繰り返す部分でした。吉野弘の詩「burst　花ひらく」（一九七九）からの一節でしたが、原詩では、その部分は、永年勤続を表彰する雇い主の長々しい演説にうんざりした一従業員の心中の怒りをあぶりだした部分でした。

事務は　少しの誤りもなく停滞もなく　塵もたまらず
ひそやかに　進行しつづけた。
三十年。
永年勤続表彰式の席上。
雇い主の長々しい賛辞を受けていた従業員の中の一人が
青白な顔で　突然　叫んだ。

――諸君！
魂のはなしをしましょう
魂のはなしを！
なんという長い間
ぼくらは　魂のはなしをしなかったんだろう――

同僚たちの困惑の足下に　どっとばかり　彼は倒れた。つめたい汗をふいて。

発狂

花ひらく。

——又しても　同じ夢。(詩集『消息』)

詩人吉野弘は、魂のひとかけらもない現代社会の虚ろさを、一サラリーマンの恐怖と魂への渇望を通して歌い上げました。

魂と触れ合う機会のかくも稀な私たちの人生ですが、気づかずして、その魂に出会えていた時間が私たちにもあったのではないか、最近そんなふうに考えることがあります。愛する人を喪うということ、そのことがまさにその時間ではなかったのかと。

「悲しみとは、真実を見詰める大切な窓である」と私はかねがね考えてきましたが、「窓」となるのは、死別の悲しみに限られたことではありません。離婚や予期せぬ病気、財産の喪失や身体の損傷など、人はそれぞれの悲しみを通して自分の人生に新しい意味を模索し、喪失に見合う新たな価値を見出そうと努めます。そんな喪失のなかでも、伴侶との死別は、人の魂に直接呼びかけてくるような、そんな出来事ではなかったのではないでしょうか。

長年にわたってグリーフ・ミーティング「支える会」を開催してきましたが、そこに参加される方々が異口同音におっしゃることがあります。それは、「夫(妻)が亡くなってから、死ぬのがちっとも怖くなくなりました」というものです。

私自身も、同じように感じたのをよく覚えています。日本聖公会の逝去者記念式文のなかに、「主は十字架の死によりて死の針を除きたまえり」という言葉があります。妻の死の直後、この言葉を初めて知った私は、即座に、「主」を「妻」に、「死の針」を「死の恐怖」と読み替えて、ひどく納得したのを覚えています。伴侶の死が、たとえ一時的ではあるにしろ、残された者の心から死への恐怖を拭い去ってしまうという事実に、伴侶の死がいかに魂と直結する出来事であるかが明らかにされているように思うのです。

死とかかわる時間は、宗教のあるなしに関係なく、きわめて霊的な時間であると言うことができるのかもしれません。

愛する家族が死の病に冒されたその瞬間から、死別の悲しみは始まりますが、その悲しみの時間がいかに非日常的で、さらに言えば、呪術的でもあり、宗教的でもある事実は、愛する人を喪う経験をした者なら誰もが体験していることではないでしょうか。神仏の助けを願って、幾度祈りを捧げてきたことでしょう。不吉なことは極力避け、ときに茶断ちをし、願掛けまでして、奇蹟と幸運を願いました。それは魂が魂に呼び掛けるような一途な時間で、それだけに、また脆く傷つきやすい時間でもありました。

しかし、この時間は、愛する人の死をもって終わったわけではありません。死別直後のショックと混乱が治まるとともに、長くて辛い「悲嘆の作業(立ち直り作業)」と呼ばれる時間が始まるからです。

悲嘆を癒す作業のなかでも、最も確かな方法は、悲しみを素直に、そして存分に表出してみることでしょう。話を聞いてもらえる友人や先輩を見つけ出して、自分の現在の気持ちをとにかく話してみるのです。

初期の混乱期には、聞いてもらいたいという衝動だけが先立って、何を話してよいのか自分でもわからないということがよくあります。それでよいのです。とにかく話し、聞いてもらうことです。当然、その話は、同じことの繰り返しになりますが、繰り返しでよいのです。繰り返し話すということは、実は、自分自身に繰り返し問いかけながら、混乱を整理し、理解し、納得しようとする意味深い行為でもあるからです。同じことを繰り返し話しているうちに、次第に心は整理されて、話したい内容も定まってきます。

この時期に問題となるのは、むしろ、話を忍耐強く聞いてくれる聞き手に恵まれるかどうかということです。人の悲しみを聞くという作業は、ただでさえ負担の多い作業である上に、それを繰り返し聞かされるということになれば、たとえ親しい友人であっても、苦痛を感じるようになるのは当然であるからです。そんな場合には、ぜひ、同体験者たちが集って語り合うグリーフ・ミーティングのような会に参加されることをお勧めします。

悲しみは、幾度となく語ってみることが大事です。その理由は、次のことを考えてみるとよく理解できます。一言で「死別の悲しみ」とは言うものの、その内容は、実に複雑多岐にわたっていて、当初は、自分ですら、その実態がつかめないのが普通です。しかし、生前の伴侶が担っていた役割を考えてみただけでも、その複雑さの一端が理解できます。

例えば夫は、一家の大黒柱であったと同時に、妻にとっての憩いの場であり、癒しの場であり、相談相手、パートナー、ときに庭師であり、電気屋であり、税金係であり、無駄話や口喧嘩の大切な相手でもありました。夫の死は、夫が担っていたその多種多様な役割のすべてを一度に失うことを意味しています。それればかりではありません。夫が存在することで保たれていたさまざまなバランスが一挙に崩れて、夫の親きょうだいや親類縁者との関係が急にぎくしゃくし始めたり、ときには自分自身の親きょうだいや子供たちとの間にさえ、思いもよらぬ摩擦が生じたりもします。死別の悲しみに対処するということは、こうしたすべての局面と向き合い、対応することを意味するのです。

幸いなことに、こうした現実的な問題は理性の力でなんとか処理することも出来ますが、この間にも、苦悩に満ちた悲嘆の作業は続いています。

当初の茫然自失と混乱が治まってくるとともに、ほどなく、死者への強い思慕や追慕の思いが襲ってきます。人ごみのなかに伴侶の姿を認めたように思ったり、夫や妻の面影を誰彼のなかに探し求めたりする衝動のことですが、この衝動も、現実にはいない伴侶の面影を、心のなかで追い求めるという意味において、霊的な衝動の一つと考えてよいのでしょう。

初期悲嘆感情の代表的なものには、今述べた追慕の感情のほかに、もう一つ、罪と後悔の感情があります。こちらのほうは、数ある悲嘆感情のなかでも、とりわけ精神性が強く、生涯にわたって幾度となく消えては現れてくる、息の長い感情と言うことができるでしょう。残された者が実際に何か罪深いことをしたというのではありません。それとはまったく関係なく、むしろそれは、看取る側の無力感そのものと深く関係した感情であると言えるかもしれません。「何故この病院を選ぶことに賛成してしまったのだろう」、「何故もっと強く検診を勧めなかったのだろう」など、他人の目から見れば問題にもならないことが、看取る側には大きな過失でもあるかのように感じられてしまう感情のことです。

罪と後悔の感情に追慕の感情が重なると、その悲嘆感情はとてつもなく苦しいものになりますが、後年、この時期を振り返ったとき、これほどまでに純粋一途であった自分自身に、驚きとともに懐かしさすら感じられるかもしれません。

悲嘆作業時の感情には、このように、高い精神性や日常性を超えた霊的な側面のあることは明らかなのですが、その感情が宗教とは決定的に異なる点も忘れてはならないでしょう。悲嘆作業の第一義的な目的は、あくまでも悲嘆から「立ち直る」ことにあって、そこには、悲しみを通して見出し得た精神性の高い認識を永続化するシステムまでは組み込まれていないということです。悲しみの産物である新たな自覚が、立ち直って以降も持続し続けるという保証はないのです。

しかし幸いなことに、記憶というものがあります。記憶というもののある限り、その後、小春日和のような静けさが訪れた後にも、そのときどきに、遠い昔の生活が思い起こされ、小さな裏切りや冷酷さや愚かさの記憶が自分を責め立てているのに気付くことがあります。忘れ去られてもいいはずの小さな記憶が蘇るのは、なお心の奥底では、悲嘆の作業が続けられているからに違いありません。人生最大の喪失である老いと死の訪れるまで、人生とは一続きの大きな悲嘆の作業なのだ、と気づくのはこんなときです。

（二〇一二年二月）

# 生きた精神の証——記憶という濾過《ろか》装置

ある地方の男性から、電話相談をいただいたことがありました。お話によると、「最近、死んだ妻への罪の意識や後悔の思いが強くなって、人に話さないではいられない。しかし、聞かされるほうとしては、なにを今さらと思うのでしょう、まともに聞いてもくれません。人が聞きたがらないものを、ぐずぐずといつまでも話している自分がなんだか馬鹿げているような気がしましてね。こんな気持ちが素直に聞いてもらえる場所が欲しくて」とのことでした。念のため、お歳を聞いてみました。年齢は八〇歳。奥様を亡くされたのが、なんと三五年前。奥様は当時四二歳で、当人は四五歳のときのことでした。罪の意識からも後悔の思いからも、もうとうに解放されていていい年齢では、と人は思うかもしれません。ところが、そうはいかないようなのです。立ち直りという作業の息の長さ、複雑さを、改めて感じずにはいられませんで

した。

お話を伺いながら、二つの点で深い感慨を覚えずにはいられませんでした。一つは、三五年も前の奥様の死のことで、いまだに思い悩まれているその男性の、持続する誠実さについてであり、その二つ目は、人間の記憶というものの不思議な粘り強さについてでした。私はこんなふうに思わざるを得ませんでした。「人間とは、ひょっとすると、記憶というもののある限り、一度心に刻み込まれた罪意識や後悔の思いからは、ついに逃れおおすことのできない存在ではないのだろうか」と。いや、それどころか、年齢を重ねるにつれて、それまで忘れ去られていたはずの罪や後悔の思いを、自らの手で掘り起こさずにはいられないのが、人間というものではないのか、と。

四五歳と言えば、まだ人生にあり余るほどの時間が残されている、と考えてもおかしくない年齢です。あり余るほど時間があれば、つい我意のほうを優先して、気遣いや配慮の気持ちを後回しにしてしまうこともあるでしょう。小さな裏切りがあり、行き違いや誤解があり、ときには激しく傷つけ合うこともあるでしょう。しかし、一見いかに激しい対立であるように見えたとしても、若い頃の夫婦のいさかいは、その多くが、いずれ和解し、理解し合うことを暗黙の了解としているいさかいです。深い罪意識や後悔となって残ることはごくまれで、ほどなく記憶の底に埋め込まれ、忘れ去られてしまったものと思い込むのが普通です。にもかかわらず、後年、何かをきっかけにして、その記憶が執拗に蘇ってくるのです。

死別直後の悲嘆を構成する大きな感情に、罪の意識と後悔の念がありますが、この場合の罪意識や後悔は、上に述べたものとはやや次元を異にする葛藤に起因しているのが普通です。というのも、その多くが自分と他者（伴侶）との葛藤から生まれてくるというよりは、自分自身を相手にした葛藤であることのほうが多いからです。「なぜ自分はあのとき、病院選びをもっと慎重にしなかったのだろう」、「なぜもっと早く気付いてやれなかったのだろう」など、実態のない仮定のもとに、際限なく自分の不手際を責め立てる葛藤であるからです。

こうした葛藤は、自分なりの弔いの時間を経るとともに、やがて薄れ、消えていきます。この時期特有の思い込みによるものが多いからです。冷静さが戻って来るとともに、ただ手をこまねいていたのでもなければ、責任を放棄していたのでもなく、自分の力ではどうすることもできなかった事態であり、状況であったことに、やがて気付き、納得することができるからです。

しかし、それとは逆に、時間とともに、年齢とともに、喚起されてくるのが、最初に述べた、記憶のなかに埋め込まれ、忘れ去られていたとばかり思われていた罪や後悔の記憶です。この現象については、こんなふうに考えることができるのかもしれません。「記憶というのは、結局のところ、自分自身のなかに蓄積されてきた自身の愚かさ、至らなさを、時間をかけて濾《ろ》過し、浄化し、清算しようとする、心の本能的なメカニズムではないのだろうか」と。

生きている以上は、いずれ老いが訪れ、死が訪れます。伴侶との死別を契機に、越し方を見直し、問い直す過程が第一の悲歎作業であるとするなら、その後の人生のさまざまな時点で、折に触れては、生きる意味を問い直す行為も、また、第二、第三の悲嘆作業と呼ぶことができるのでしょう。

共通する鍵となる感情は、やはり「悲しみ」という感情です。人生の黄昏が立ち込め始めるとともに、人はさらに納得のいく自分自身をの在り方を見定めたいと思うのです。

それゆえ、年老いて後に罪と後悔の記憶が呼び覚まされることがあっても、恐れる必要はないのです。なぜならそれは、たとえわずかではあるにしろ、より良き自分自身を見出そうとする、生きた精神の証でもあるからです。

（二〇一二年二月）

# まっさらな空間——自性清浄《じしょうしょうじょう》を求めたオルガの夫

近頃、雑然とした家のなかがなぜか気になるようになりました。妻を亡くしてから二〇年、仕事を退いてから五年。この間、忙しさを口実に、寝る空間と仕事をする空間だけは確保して、あとは見て見ぬ振り、なんとか生活者らしき体裁を保ってきたのですが、それがこの頃になって、「もう手の施しようがないな」とか、「永遠にこのままなのだろうか？」などと、なにか絶望めいた気持ちが頭をよぎるようになりました。ごまかしの生活もここまでか、とふと思う自分がいる一方で、「時間はまだある。いずれ片付ければいいさ」と図太く構える自分もいて、もうしばらくは、こんな状態が続くのかもしれません。

しかし、こんな思いが押し寄せて来るとは、予想外の驚きでした。これは、単に、不精な自分自身への苛立ちや焦燥感だけによるものではないのかもしれません。もっと本質的な、もっと根深い人間の本能的心情から発してくるものではなかろうか、そんなふうに思うようになりました。人間とは、ひょっとすると、永遠に続く混乱や無秩序には耐えられなくて、いつかは一度整理整頓し、余計なものは一切捨てて、まっさらな自分自身に戻ってみたい、そんな願いを心のどこかに隠し秘めてている存在ではないのだろうかと。

そんなことを考えているうちに、その昔、在外研究で英国に九か月滞在した折、ロンドンで出会ったロシア出身の女性画家オルガのことが懐かしく思い出されました。ダイアナ妃のあの悲惨な自動車事故のあった翌年のことですから、一九九八年三月のことでした。

その前年の四月、私は日本を出てニューヨークに三か月滞在し、七月からはロンドンに移って、予定の九か月もほぼ完全に消化し終わり、そろそろ帰国の準備に入ろうという頃のことでした。市の西はずれに位置するアクトン・タウンという町に滞在していたのですが、帰国も間近いその日、町並みの味わいを記憶に残そうと、時間をかけて散策した末、とある店に入りました。最近日本でも見かけるようになったウェンディーズという店でした。ガランとした店内に入ると、表通りに面したテーブルに腰を下ろし、コーヒーを頼み、それからぼんやりと人の流れを眺めていました。

外国に行くといつもそうですが、コーヒーをすすりながら、行き交う人々の様子を窓越しにぼんやりと眺めているのが私は大好きで、このときも見るともなしに外の様子を眺めていました。するとほどなく、すぐ目の前を八〇歳ほどと思われる老婦人が通りかかり、私の前で立ち止まると、窓越しに店の中を覗き込んだのです。私たちは目を合わせ、思わず笑顔を交わしました。彼女はそのまま通り過ぎていきましたが、なんと、その彼女が、ほどなく通りを戻って来るなり、店のなかに入って来て、私のテーブルの真向かいに座ったのです。それがオルガでした。

当時の私は、妻を亡くしてまだ六年と六か月が過ぎたばかりのころで、まだまだ伴侶の死や残された者のその後の変化などについて深い関心があり、訪れる先々では、ついその地の墓地を訪れては、墓標を眺め歩くのを楽しみにしていました。住まいのすぐ近くにも苔むした古い墓地の跡らしきものがあり、暇があると出かけて行っては、草むらの中から隠れた墓石を探し出し、かすれた墓碑銘を判読してはノートに書き写したりしていました。

西洋の墓石は日本のものとは違って、姿かたちも多様であれば、刻まれている言葉も実に豊かで、故人への深い思いを美しい詩のような言葉で自由に表現していました。ときおり聖書を開いたかたちの小さな可愛らしい墓石も見られましたが、それは幼くして亡くなったお子さんのお墓だったのでしょう。住まいからさらに二〇分も歩けば、大きな新しい公園墓地もあって、そこにも幾度か出かけました。

そんな日々のことでしたから、オルガがにっこりと笑顔を浮かべて店に入って来たときには、なんだか幸運がひょっこりと舞い込んででも来たような嬉しさすら覚えました。クリームパフェか何かを手にして私の前に座ると、自分はロシアから帰化した「コミューニスト・アーティスト」だと言って自己紹介をし、それから日本人にはとても想像もできない屈託のなさで、自分の家の近くにある日本庭園のこと、二人いるお嬢さんのこと、とくに下のお嬢さんの風変わりな愛情生活のこと、そして御主人のことなどを、次々と話し始めました。

　オルガのことを思い出すきっかけとなったのは、このとき話題になった御主人の行動について語るときの、オルガの深い戸惑いを思い出したからでした。「御主人は御健在ですか？」と私は訊ねてみました。すると彼女は、「健在だけど、今は別々に住んでいるの」と言うのです。「離婚されたのですか？」と重ねて伺うと、「いいえ、離婚はしていない。ただ主人は、どうしても一人で住みたいって言い張るの」「それはまた何故でしょう？」この私の問いに、彼女は困惑の表情を浮かべながら、こう答えたのです。「それがわからないの。ただ、何にもないところに一度住みたいって、ただそう言うの」

　御主人の真意については、もちろん、そのときの私には理解の及ばぬことでした。ただ、「老境に入った御主人の、気まぐれなのだろうか」ぐらいに考えていたのですが、その行為の意味がある程度実感として理解できたのは、それから数日して、彼女のお宅を訪問したときのことでした。

　彼女の家は、私の滞在している所から徒歩で二〇分程の距離にある共同住宅で、狭い階段を登ると二階にある、二間続きのフラットでした。勧められるままに椅子に腰かけ、出されたコーヒーをすすり終わると、しばらくしてから、私は周りを見回してみました。大きなベッドを置いた主寝室から隣の小部屋にいたるまで、そのフラット全体には金属類の置物や陶器類や植木や彼女の制作した絵などが、壁にも，棚にも、テーブルの上にも、整然とというよりはむしろ雑然と、所狭しとばかりに立ち並んでいるのです。それらは、まるで鮮やかな記憶と色あせた記憶とが混然一体となって入り混じった、オルガの八〇年に及ぶ人生の集積を思わせるものでした。私は息の詰まるのを感じました。そして初めて、御主人の気持ちが少し理解できたように思ったのです。残り少ない人生を、たった一度でもいい、まっさらな、何もない空間の中で過ごしてみたい。御主人はきっとそう思ったのに違いないのです。

その御主人と今ではあまり変わらぬ年齢に達した私ですが、雑然とした我が家の佇まいを横目で見ながら、時折、絶望めいたものを感じるのも、あのときの御主人の気持ちが、まるで人間普遍の真理のように、私の中にも湧き起こり始めたからに違いありません。一度でもいい、空っぽになり、無欲になって、清らかな自分自身に返ってみたい、この気持ちはそんな切望とどこかで繋がっていたのかもしれません。オルガが私自身であるならば、御主人もまた私自身であったのでしょう。

＊オルガが案内してくれたこの庭園は、一九九四年ロンドンに新設された福岡県の正行寺ロンドン道場「三輪精舎」にある石庭でした。主管である佐藤平氏はロンドン大学ＳＯＡＳで仏教の講義をされていましたが、この石庭はその授業に参加した方々の労働奉仕によって作られたものだと、訪れた私に話してくださいました。

　そんなことを考えていたら、ＮＨＫの朝の『こころの時代』で、どなたかが「自性清浄」という言葉についてお話しされているのに出くわしました。「自性清浄」とは、仏教用語で、「物の本性はもともとすべての穢《けが》れを離れた清らかなものである」（『広辞苑』）ということらしく、人間のもともとの心、心の本性について述べたものだと書かれていました。「悟り」も「無我の境地」も、結局のところ、この自性清浄の境地を究めることであるとしたら、仏教の教えとは難解な哲学でも学問でもなく、むしろ人間の自然な心の推移に寄り添う、優れた心理学でもあるのではないか、と改めて知る思いでした。

## 立ち直るために——悲嘆作業の四つの課題

悲嘆の作業（立ち直り作業）を進めるには、四つの課題があるとされ、この四つの課題をすべて完了したときに、立ち直りが訪れて来るとされています。これを最初に提言したのは、J・W・ウォーデン（『グリーフカウンセリング——悲しみを癒すためのハンドブック』鳴澤實監訳、川島書店、一九九三年）ですが、ウォーデンの考え方を踏襲しながら、より平易に解説しているのが、N・レイクとM・ダヴィットセン＝ニールセン夫妻（『癒しとしての痛み——愛着、喪失、悲歎の作業』岩崎学術図書、平山・長田訳、一九九八年）です。ここではニールセン夫妻の見出しにしたがいながら、四つの課題について、私なりの解説を加えつつ説明してみたいと思います。

**第一の課題は、「死を現実のものとして受け入れる」ということです。**

「死を現実のものとして受け入れる」ということは、言うまでもなく、「伴侶の死」を事実として認識するということですが、改めて言われるまでのことではないと思われるかもしれません。しかし、実はこれが口で言うほど容易なことではないのです。

死を認識するには二つのレベルがあります。一つは「知的なレベル」での認識、もう一つは「感情のレベル」での認識です。例えば、病院の集中治療室で伴侶の死に立ち会うような場合、監視モニターの波状線を見ながら、それが一直線になったときに、私たちは伴侶が亡くなったと認識します。しかしこの時点では、まだただ呆然とするだけで涙も出てきません。頭では（「知的なレベル」では）、死を理解しているのですが、「感情のレベル」ではまだ理解していないのです。涙が出てくるのは、それからしばらくして、例えば、霊安室などで、改めて伴侶と対面したときですが、そのとき初めて涙が溢れ出し、悲しみの感情が湧いてきます。「感情のレベル」でも、死の認識ができたからです。

死を現実のものとして受け入れるためには、このように、「知的なレベル」だけでなく、「感情のレベル」でも認識できることが必要なのですが、知的レベルの認識よりもより深い感情レベルでの認識は、知的レベルの認識よりも、常に遅れてやって来るのが普通です。

この二つの認識の違いは、その後の立ち直り過程でも常に繰り返される重要なポイントです。頭ではわかっているのに、感情ではどうしてもついていけないというのが、この現象ですが、本当に立ち直るためには、心（感情）のレベルでも認識され、理解されることが必要なのです。

それも、一回限りの理解で済むというものではなく、その後も幾度となく死の事実を思い知らされ、そのつど悲しみを新たにすることで、理解は徐々に深められていきます。深い理解と深い認識が遂げられて、初めて「納得」が訪れるのですが、納得という心の現象は、悲しみの過程を経ることなしには、言い換えれば、悲しみを回避している限りは、決して訪れることはありません。

**第二の課題は、「悲しみの感情のなかに入る」ことです。**

「悲しみの感情のなかに入る」というのは、「悲しみを悲しみとして感じる」ということですが、これもごく当たり前のことのように聞こえながら、同じように深い内容を含んだ課題です。

悲しみには、「浅い悲しみ」と「深い悲しみ」があります。「浅い涙の悲しみ」と「深い涙の悲しみ」と言い換えることもできるでしょう。深い悲しみの涙には、浅い悲しみの涙にはない、浄化作用があると言われ、実際に、深い悲しみの涙にはストレス解消ホルモンが多量に含まれていることが科学的にも実証されています。

より深い感情レベルでの認識と理解には、より深い悲しみが必要なのです。しかしショックや動揺が激しければ、「悲しみ」もまた深いのかと言うと、必ずしもそうではありません。例えば、霊安室に降りて初めて感じられる悲しみも、実は、まだ深い悲しみとは言えないのです。深い悲しみは、むしろ、ずっと後になってから訪れて来るのが普通です。葬儀も終わり、四十九日の法要も済ませて、弔問客もまばらになり始める六か月を過ぎるころから、急にわびしさと悲しさを覚えるようになります。深い悲しみが始まったのです。逆説的に聞こえるかもしれませんが、立ち直るためには、深い悲しみこそが必要なのです。死の事実を認識する場合と同様に、深い悲しみの感情も、折にふれて幾度となく悲しみを新たにする経験を繰り返すことで、次第に準備されていきます。ですから、悲しみは回避してはいけないのです。むしろ、幾度となく悲しみと出会うことこそが大切なのです。

悲しみには、悲しむべき時期があるということも忘れてはならないでしょう。理想的には、死別後六か月から一年のうちに悲しみの感情としっかり向き合うことが望まれますが、別に難しい作業を伴うわけではありません。悲しみを悲しみとして素直に感じ、表出することができれば、それでよいのです。ですから、この時期に、日程表に山ほど計画を詰め込んで、意識的にしろ、無意識的にしろ、悲しみを回避してしまうことは好ましいことではありません。

もちろん生活上の必要から（例えば子育てや経済上の事情などから）、悲しみの感情とじっくり向き合っている暇のないこともあります。悲しみを感じる暇もなく、一年、二年、あるいは五年、一〇年と過ごしてしまう場合もあります。しかし、悲しみは一時的に回避することはできますが、それで悲しみが消え去ったわけではありません。当座の間、意識の奥に封じ込められているだけにすぎません。封印された悲しみは、ふとしたきっかけで、例えば、友人の死、親の死、ペットの死、ときには財布を失うといった些細な「喪失体験」をきっかけにして、勢いよく蘇って来ることがあります。これらは「遅らされた悲嘆」と呼ばれるもので、通常の悲嘆よりも重い症状を伴ってぶり返してくるのが普通です。また悲しみを十分に表出することなく長期間を過ごしてきた場合には、ぐずぐずと悲嘆状態が続く、いわゆる「慢性悲嘆」の症状を呈することもあります。対処する適切な時期を逃すことなく、悲しみに向き合う必要のあるゆえんです。

しかし、たとえどんな場合にしろ、対応に遅すぎるということはありません。子育ても終わり、自由な時間が持てるようになるとともに、急に言い知れぬわびしさ、寂しさを感じるようになって、二〇年も過ぎてから会に参加される方々も沢山いらっしゃいます。死別の悲しみは、人生のどこかで、一度しっかりと向き合う必要があるようです。しっかりと向き合い、改めて心の整理をすることで、新しい人生への道のりが拓けてきます。

以上二つの課題は、悲嘆作業の中心を占める部分ですが、さらに二つの課題があります。

**第三の課題は「新しい能力を身につける」ということです。**

夫婦は長い共同生活のなかで、役割分担をして生活してきました。経済を支える仕事や力仕事、事務処理的な仕事は夫の分担、料理、洗濯、近所付き合いは妻の仕事といった具合です。どちらか一方が亡くなると、当然のことながら、残された側は予想もしなかった生活上の不自由さに直面します。残されたのが夫であれば、掃除や洗濯、慣れない食事の用意までしなくてはなりません。味噌汁の作り方すら知らないとしたら、生きることは耐えがたい負担として感じられるかもしれません。不慣れさ、不便さは孤独感を増幅させます。残されたのが妻であれば、煩瑣な書類を見ては無力感に襲われ、電気器具の故障や庭の手入れ、さらには切れた電球の交換にさえ、言い知れぬ孤独感とわびしさを覚えます。

悲嘆状態からスムーズに抜け出すには、伴侶のいない環境でも、さほどの不自由さ、不便さを感ずることなく生活できなくてはなりません。それには、生前の伴侶が担っていた能力を、残された自分が身に着けていく以外にはありません。これが「新しい能力」を身につけるということです。子育て真最中の妻であれば、夫に代わって一家の大黒柱となるばかりか、ときに息子を厳しく叱る父親になることさえ要求されます。そして最後に、仕上げとなる第四の課題が待っています。

**第四の課題は「感情のエネルギーを新しい形で再投入できるようになる」ということです。**

やや抽象的な表現ですが、簡単に言えば、「新しいことに関心を向けられるようになる」ということです。これまで心は、ほぼ全て死者への思いと悲しみに占められていて、それ以外のことに感情のエネルギー（関心）を向ける余裕はありませんでした。しかし、幾度となく伴侶の死を実感し、悲しみを積み重ねていくうちに、悲しみそのものが次第に様相を変えて来ます。牙をむく厳しい初期の悲しみも次第に和らぎ、優しささえ帯びながら心の片隅に引いていきます。こうして心に余裕の空間が生まれ、感情のエネルギーの一部を死者から切り離して、新しい対象に向ける準備ができてきます。こうしてある日、同窓会に出てみる気持ちになり、しばらくやめていた習い事を再開し、新しい人間関係を受け入れてみる気持ちにもなってきます。第四の課題が始められたのです。死者を離れて、新しい対象に心が素直に向かえるようになったとき、それが立ち直りの印になります。

しかし、これら四つの課題は、これまで述べてきた順序通りに学習されて行くわけではありません。行きつ戻りつする悲嘆感情と同じように、これらの課題も前後に行きつ戻りつを繰り返しながら、徐々に習得されていくのです。

例えば、病院のモニターで死が知的に認識され、霊安室で初めて涙を流すとき、「死を現実のものとして受け入れる」第一の課題が行われています。しかし病院から戻ると、「悲しみの感情に入る」という第二の課題に入る暇もなく、葬儀の準備に取りかからなくてはなりません。「新しい能力を身につける」という第三の課題がいきなり飛び込んできたのです。葬儀、四十九日の法要、納骨式とあわただしい行事もすべて終わり、そろそろ半年も過ぎようとする頃、とてつもない寂しさが襲ってきます。弔問客も途絶え、一人身のわびしさをつくづくと噛みしめなくてはならないからです。ここで初めて、「悲しみの感情のなかに入る」という第二の課題が本格的に始まります。

それから一年、あるいは二年が過ぎて、ある日、同窓会に出席します。「感情のエネルギーを新しい形で再投入する」という第四の課題に挑戦したのです。しかし、結果はかつてなく深い悲しみのなかに突き落とされます。夫のことを楽しげに話題にする友人たちの様子を見ては、改めて伴侶の死の事実を思い知らされ（第一の課題）、一人身の寂しさを実感（第二の課題）しなくてはならないからです。

このようにして、行きつ戻りつを繰り返しながら、四つの課題は徐々に学習されていくのです。行きつ戻りつを恐れてはなりません。それがあるからこそ、より深い悲しみが準備され、より確かな死の事実の認識が出来上がっていくのです。こんなふうにして、時間をかけて四つの課題をこなしながら、徐々にではありますが、新しい自分が発見され、意味ある立ち直りが準備されていくのです。

# 過ぎ去りし日の至福に感謝して——車中の聖母子

子供は遊びの天才だとよく言われます。いつどんな場所に居合わせていても、たちどころに遊び道具を発見して、楽しく遊び始めるからです。先日、電車に乗っていて、まさにそんな光景が、暫くのあいだ眼前に展開するのを楽しく眺めていました。

私が座っていた「優先席」と呼ばれる部分に、三〇代中頃かと思われるジーパン姿の若いお母さんと男の子二人が乗り込んできました。お兄さんの方は小学校一、二年生ぐらいだったでしょうか、下の坊やは三歳か四歳。親子で車中に弾むように乗り込んでくると、間もなく、下の子が、まるで幸せの香りを一杯に吸い込もうとでもするかのように、お母さんのお腹に顔を押し付け、腰に腕を回したまま、思い切り取りすがるような仕草をしました。その安心し切った様子、信頼し切った坊やの顔を眺めながら、自分にもいつかこんな時があったのかもしれないと、遠い記憶をまさぐり始めていました。

坊やはお母さんの腰から腕をほどくと、今度はお母さんの右足に両手両足をからめて、まるで可愛らしい小動物が大樹の幹を滑り降りるような格好をし始めました。お母さんの右足が巨木に変貌したかと思う間もなく、坊やは幹から滑り降り、次にはお兄ちゃんへの挑発に取りかかりました。お兄ちゃんも心得たもので、周りの乗客に気遣いながら、優しく坊やのお相手をし始めます。まるで鎮守の森の鬼ごっこか何かのように、坊やはお母さんの後ろから顔を出しては挑発し、挑発しては身を隠しながら、お母さんの腰の後ろを旋回し始めました。それから突然、前触れもなく鬼ごっこを取りやめると、お母さんの両足が作り出す狭い空間を、まるで洞穴でもくぐり抜けるように前後にすり抜ける、新たな冒険に取りかかりました。何とも多彩で敏捷な遊び心に私はただ感嘆して見とれていました。ふと、お母さんはどうしているのだろうかと気になり出し、急いで見上げてみました。お母さんは吊り輪に片手でつかまり、泰然《たいぜん》自若《じじゃく》として仁王立ちしたまま、残るもう一方の手で、無心に携帯電話を操作していました。全身を注意の塊にし、わが身のことごとくを子供に預けながら、なお自らの関心をも忘れていないその姿は、ジーパン姿の大地の母かとも見え、思わず「車中の聖母子」という言葉が、私の頭をかすめたのでした。

そんなことがあってから暫くして、ある美大の卒業生たちの同期会を兼ねた展覧会を見る機会がありました。卒業後、多くは主婦業に専念し、やがて六〇代も半ばを過ぎて子育てからも解放され、改めて年に一度、作品を寄せ合っては旧交をあたため合う、そんな趣旨の展覧会であったと聞きました。その中に一枚、私の関心を引く絵がありました。田舎道に一人の女性が立ち、両腕に赤ちゃんを抱いている、ただそれだけの絵でしたが、よく見ると、母親の頭の背後には金色の輪が画きこまれているのです。明らかに聖母子像をイメージしたものでしたが、作品の出来不出来よりは、いま聖母子像を描き出そうとする作者の心境に、私は深い共感を覚えていました。作者はいま、この絵の女性に自分を託して、遠い昔、幼いわが子を愛情の限りを込めて抱きしめていた当時の自分を思い返している、二度と戻ってくることのない至福の時間を懐かしんでいる、私にはそんなふうに思えたのです。

当然のことながら、この作者にもいまでは何人ものお孫さんがいらっしゃることでしょう。しかし、その幸福感と、あの頃、わが子をわけもなく抱きしめては感じていた充足感とは別物だったにちがいないのです。その頃はまだ貧しくて、忙しくて、子育ての幸せを幸せとして実感する余裕すらなかったかもしれません。でも、いまではそれが、何物にも代え難い至福の時間であったことを思い出しているのです。至福とは、再現する機会を永遠に失って初めて生き始めてくる、幸福のエッセンスなのでしょう。

車中のあの坊やの無心な喜びよう、あの幸福感、母の愛情への一点の曇りすらない確信、私が見た電中の聖母子像は、そんな幸福のエッセンスだったのかもしれません。しかし、その時間は、私にはもう二度と戻って来ることはありません。永遠に失われた時間に対して、私たちは一体どのように向き合えばよいのでしょうか。

いくら嘆き悲しんでも、過ぎ去った時間は戻って来ることはありません。とすれば、考えられる唯一の正しい対処の仕方は、かつて自分にもそんな時間があった事実に思いを馳せ、その後どのような事態の変化があろうとも、そんな時間があったというそのこと自体に感謝することかもしれません。記憶だけが、確かな充溢を蘇らせてくれるからです。

伴侶との死別についても同じことが言えるのかもしれません。どんなに嘆き悔やんでも、共に過ごしたかつての時間は二度と戻って来ることはありません。であれば、かつてあった幸福の記憶をかみしめながら、愛の痛みにむしろ感謝し、この痛みを生かす工夫を凝らしてみるのも一計ではないでしょうか。悲しみこそが命の源泉であり、悲しみのないところに、本当の愛の喜びもないからです。

（二〇一二年九月）

# いつになったら立ち直れるのでしょうか——立ち直りのメカニズム

ミーティングの参加者から、時折、「いつになったら立ち直れるのでしょうか?」と訊ねられることがあります。伴侶を亡くされてまだ比較的日の浅い方々に多いのですが、私たちの会には死別後一〇年、二〇年してから参加される方もいらっしゃいます。どれほど時間がたっていようと、ミーティングに参加すれば、昔の悲しみが思い出されます。つい昨日のことのようにも思えて、つい涙を誘われるのです。愛する人の死は、それほどまでに深い記憶を人の心に刻み込むということなのでしょう。

ミーティングの後のお茶の席で、その日の感想をお伺いすることがあります。すると、日の浅い方々は共通してこんなふうにおっしゃるのです。「一〇年も二〇年もして、まだあのように悲しんでおられるなんて、実のところショックでした。今のこの悲しみがそんなに長く続くのかと思うと」と。

しかし、この理解は、すべての点で正しいとは言えません。確かに死別の悲しみは後々まで残りますが、それは形を変えて残るのであって、当初の悲しみがそのまま残るわけではありません。質も内容も変わってきます。その後の悲しみをどのように捉え、理解していくかが、死別後の生活を意味あるものにもし、無意味なものにもしてしまう、とても大切なことではないかと思います。

「立ち直る」という現象を、「悲しみが薄れ、以前とほぼ変わらぬ程度の元気を回復すること」というほどに理解するなら、普通、立ち直りに要する時間は、平均して二年ないし三年と言うことができるでしょう。しかし、立ち直りの時間には個人差がとても大きく、その人の性格、これまでの生活歴、人生観、生き方などによっても大きく左右されます。三か月から六か月で早くも立ち直ってしまう人もあれば、五年、一〇年と悲しみを長引かせる方もおられます。

概して言えば、愛する人を亡くした直後から激情的なほどに嘆き悲しむ人ほど、立ち直りは早いというのが普通のようです。しかし大多数の方々は、その都度その都度に悲しみと向き合いながら、ゆっくりと克服して行くことになります。死別の悲しみに関する限り、一見どんなに重篤と見えるような悲しみでも、十中八九までは正常範囲内の悲しみであって、立ち直りが早いから良くて、遅いから悪いということはありません。悲しむという感情は、「弔う」という気持ちと深い関係にありますから、自分なりに死者への弔いが十分にできたと感じられる時間は、人の息の長さと同じで、その人その人によって異なってきます。まだ弔いが十分ではないと心のどこかで感じていれば、無意識のうちに自分で立ち直りを遅らせていることもあります。立ち直りの作業においては、自分では意識しないさまざまな理由や理屈も働いているのです。

## 立ち直るということ

一言で死別の悲しみと言いますが、すでに述べてもきました通り、その内容は実に複雑多岐にわたっています。夫は、大きな経済的支柱であったばかりでなく、パートナーであり、孤独の癒し手、話し相手、愚痴の聞き手、諸事にわたる相談相手、煩雑な事務処理の担い手、妻の社会的地位の担い手でもあったのです。夫を失うということは、夫が担っていた内容すべてをいちどきに失うことを意味しています。そればかりか、夫を失った瞬間から、夫の側の親族や親きょうだいとのバランスが急に崩れたり、自分がこれまで担ってきた家族内での位置関係までが大きく変ってしまうことすらあります。

これだけ多様な意味内容を持つ伴侶の死であれば、死別直後の悲しみが、悲しみと言う前に、不安や恐怖の入り混じった混沌としてまず意識されても不思議ではありません。こんなときこそ素早い立ち直りが直ぐにでも欲しいところですが、残念なことに、この状態にある間は、立ち直り作業が即座に開始されるというわけにはいかないのです。立ち直りの作業が始まるためには、逆説のように聞こえますが、ある程度心の鎮静化があって初めて始まるのです。したがって、当座の間は、いずれ心の状態が落ち着くことを信じて、苦しいながらも、今の不安や悲嘆の感情にあらがうことなく、とにかく一日一日を無事過ごすことだけに専念するのがよいのです。抵抗された感情は逆に居座ることがありますが、抵抗されない感情はいずれ静まってくれるからです。

やがて落ち着きが戻るとともに、悲嘆の解きほぐし作業（つまり、立ち直りの作業）が始まります。解きほぐし作業と言っても、別に難しい作業が必要なわけではなく、悲しみの感情を素直に感じ、表現すること、新たな悲しみの感情に幾度となく見舞われること、それが解きほぐし作業に当たるのです。ことある毎に繰り返し悲嘆の感情を体験することで、悲嘆を構成しているさまざまな要素の一つひとつと出逢い、それを確認し、吟味することで、納得と受容のための準備が整えられていくのです。これが普通、「日にち薬」という名前で呼ばれている一般的な癒しの過程です。

こうして当初は、伴侶の病や死に関わる脈絡のない記憶や光景が、意志のコントロールのないままに、ただ唐突に、闇雲に喚起されるだけでしたが、次第にその無秩序な状態も収まり、悲しみの対象も特定化されてくるようになります。特定化されてきた対象や事柄をまたしばらくは幾度となく思い返し、そのつど悲しみの感情に襲われながら、やがて、その間隔も間遠になって、ついには遺品を見たり、思い出の場所に出かけたり、命日や記念日などが来るごとに、ふと悲しみの感情がよみがえってくるという程度までに落ち着いてきます。

立ち直るためには、悲しみの感情から逃げないことがとても大事です。また、悲しみは素直に表現することも大切です。そして、悲しみには繰り返しが付き物です。少し元気になったかと思うと、次には以前よりさらに深い落ち込みがあり、それが済むと、また明るさを取り戻す。この行きつ戻りつが立ち直りの過程では大事なのです。行きつ戻りつしているうちに、当初の混乱した悲しみは次第に整理されて、より深く、より本質的な悲しみだけが残されていきます。立ち直るためには、この「より深く、より本質的な悲しみ」を体験していくことがとても大切なのです。行きつ戻りつを繰り返すことで、悲しみを構成するほぼすべての要素が吟味され、理解し終わったと思われる頃に、自分なりの納得と、死の受け入れができてきます。これが、普通言われる立ち直りのメカニズムです。

## 立ち直ってもなお悲しみが訪れるのは

死別後二年ないし三年して訪れてくるこの立ち直りを、便宜的に「第一次の立ち直り」と呼ぶことにします。これは別に、第二、第三の立ち直りがなくてはならないと言っているのではありません。一回の立ち直りで、悲しみを見事に克服されている方々も沢山いらっしゃいます。でもそれは、ただ外側からそう見えるだけのことなのかもしれません。最初の悲しみが薄れ、消えたかと思えるようになった後にも、伴侶の死という事実と記憶は消え去ることなく残るからです。命日が来たり、思い出の場所に出かけたりすれば、やはり悲しみの記憶は立ち戻ってきます。立ち戻るだけでなく、その記憶が遠い昔の伴侶の面影を呼び覚まし、当時の自分の愚かさ、至らなさに対する深い後悔の思いを引き起こすこともあるでしょう。

しかし立ち直り後に再来する悲しさには、かつてのようなとげとげしさはありません。むしろ、遠い昔を追憶させる優しさや懐かしさ、人生を遠くから眺め、見詰め直そうとする思慮深さまでを伴うのが普通です。そんな優しさを秘めた第二、第三の悲しみは、私たちにこう問いかけているのかも知れません。「死別の悲しみは無駄にされてはいないだろうか」「悲しみは正しく消化され、意味あるかたちで生かされているのだろうか」「伴侶の死という貴い代価を払った自分は、果たしてその犠牲に見合うだけの自分になり得ているのだろうか」そして、「今の私は、積み重ねられた悲しみの年月に相応しい私であるのだろうか」と。

一見、悲しみのぶり返しとも見えるその後の悲しみは、こうした意味での、第二、第三の立ち直りを要請する内なる声なのかもしれません。最初の立ち直りが死別の悲しみからの立ち直りであるならば、それに続く第二、第三の立ち直りは、今ある自分自身により意識的になり、より自覚的になるための、「自分自身からの立ち直り」と言えるのかもしれません。

（二〇一三年二月）

# 出会いの痕跡たち——モデルを見つけるということ

年齢を重ねるにつれて、時間の逃げ足は無闇と早くなるようです。仲間の一人がとても説得力のある解説をしてくれました。歳をとってからは、時間の逃げ足は年齢に正比例するのだというのです。五〇歳なら、その時速は五〇キロ、六〇歳なら六〇キロ、七〇歳なら七〇キロ。それなら私の場合は？　と考えると、ひどく納得するものがありました。では、母の場合だったらどうだろう。時速はなんと一〇一キロ。七月になれば一〇二キロ。目のくらむような早さです。

平成二五年の正月、母を見舞いに田舎に帰ったとき、日頃の感謝の気持ちを伝えるなら今しかない、と考えました。妹が席を外したのを機に、母の耳元に口を付けて、大声で叫びました。「アナタニハ、イツモ、カンシャシテ、イマスヨ」どうやら声は母に届いたようです。「だれが？」と、母が聞き返してきたからです。「私が、です、よ」と、私はあわてて付け加えたのですが、聞き返すまでもなく、母にはわかっていたのでしょう。主語のない私の言葉に、慎重で恥ずかしがり屋の母としては、即座に「ああ、そうかい」とは答えられなかったのに違いありません。そんな遠慮深さのある母でした。

このとき、続けて私はこう訊ねずにはいられませんでした。「ねえ、百年なんて、思えば一瞬のことではなかった？」不安と期待の入り混じった気持ちで、私は母の返事を待ちました。しばらくして、母はこう呟きました。「そうだね、一瞬のことみたいだね、まるで夢のようだ」それを聞いて、私は何とも言えずほっとしました。「一瞬のことみたいだね」「夢のようだ」という言葉から、母がその生涯を、それなりにいとおしんでいてくれたように思えたからです。最近になって、私もようやく、七六年という歳月が一瞬のことのようにも思える心境になってきました。妻が亡くなってすでに二三年。そろそろ、妻の死とは自分にとって、どんな意味の事柄だったのか、総括してみたいような心境にもなっていました。

そんな心境になったのも、最近、妻を思い出すことがめっきり少なくなったためかもかもしれません。夫婦でも、夫婦を長くしていると、相手の存在が空気のように見えなくなるとよく言われますが、伴侶の死の場合も、その不在があまりに長くなると、不在そのものが空気のように見えなくなってくるのかもしれません。

人は永遠の緊張に耐え続けることはできないのです。どんなに強烈な感動でも、どんなに深い悲しみでも、やがては静まり、薄れていきます。それが時間というものの残酷さであり、優しさでもあるのでしょう。

振り返れば、私は中学一年のときに父（四五歳）を亡くし、平成元年に兄（五五歳）を亡くし、その二年後の平成二年に、妻（五二歳）を亡くしました。父の死も兄の死もショックでしたが、妻の死はまさに自分の半身をもぎ取られたような痛恨事でした。幸い当時はまだ勤めがありましたから、仕事に没頭することで寂しさの大半は紛らわすことができたものの、それでも二年ぐらいは夢のなかをさ迷うような感じでした。子育ての真最中に相談相手のいない不安、長い人生をひとりで生きることへの不安や鬱屈がなかったと言えば嘘になります。

しかし、そうした不安や鬱屈がさほど深刻になることもなく済まされたのは、無言のうちに私を勇気づけてくれた沢山の模範（モデル）があったからに違いありません。「支える会」の活動を支えてくださった多くの仲間たちが相互にモデルとなり合ったのは言うまでもありませんが、それ以前にも、私には貴重なモデルがありました。最大のモデルとなったのは、言うまでもなく母でした。母は三七歳で夫を亡くし、以降、女手一つで私たち三人の子どもたちを育て上げてきたのですが、母の苦労をつぶさに見てきた私には、母と同じ人生を歩むことに何の違和感もありませんでした。

後年、もう一人、モデルとなった人がいました。勤め先でご一緒していた先生ですが、当時、私が四〇代、その先生は多分五四、五歳だったでしょうか、奥様を亡くされました。挨拶を交わす程度のお付き合いでしたが、お人柄が良く、再婚されて当然とばかり思いつつ、遠くから見守り続けていました。しかし先生は一向に再婚される様子もなく、それでいて明るさを失うということもなく、はた目から見ている限りでは、いかにも幸せそうな人生を送られていました。それが私にはいかにも新鮮な驚きとして映り、再婚しない道を選んだ先生に密かな敬意さえ抱いたほどでした。

それから一〇年ほどして、私自身が妻を亡くすことになるのですが、そのときにはすでに、私の辿る道は準備されているように感じました。母やその先生にできて、私に出来ないはずはないと思えたからです。

ところで、母にしろ、先生にしろ、自分たちが人生の教師役を勤めているなどとは想像すらしていなかったことでしょう。人生とは、本人のあずかり知らぬところで、教える者となり、あるいは教えられる者となりながら、生きた痕跡を残していくものかもしれません。

モデルということでは、私には忘れることの出来ない思い出があります。

大学を卒業する数か月前のことでした。私が大学を卒業する昭和三四年頃は、高度経済成長期が始まる少し前の頃で、大変な就職難の時代でした。専攻は英文学ですから、社会に出るなら、教員になるのが一番の近道なのに、若気の至りで、それがなんとなくためらわれたのです。私もまた、経済的な豊かさがそのまま幸福へつながるものと信じ込んだ、愚かな若者のひとりでした。そこで、教員試験を受けるかたわら、とある商社の入社試験も受けてみました。苦悩はそこから始まりました。不況下の会社は強気で、卒業式前の二月から見習い勤務を始めるようにと言ってきました。勤務地は名古屋でした。

書物の世界しか知らなかった文学青年は、たちまち方向を見失います。当時はコンピューターの草創期で、その会社もコンピューターを扱う商社でしたが、見習い期間中の仕事といえば、だだっ広い部屋の中にひとり残され、英文マニュアルを与えられて、電算機のプログラミングを独習せよというのです。回りを見れば、永続性、安定性、心の潤いなどを感じさせものは何一つありません。あるのは、ただがらんとした空間と、忙しく出入りする人の気配だけ。商社というものは、箱ものがあり、経済活動と呼ばれる人的エネルギーの消費があれば立派に成り立つものだとは、今でこそわかるのですが、当時の私には無理でした。安心できる確かなものが何一つないその空間に、私は限りない不安を覚え、三〇年後の自分の姿など想像すらすることもできませんでした。

教員になるべきか、このまま頑張るべきか、決断がつきません。悶々として一日を終え、下宿に戻ってはまた考えるのですが、ただ迷うばかりです。悩みに悩んだ挙句、これは名古屋という空間の中で考えているから駄目なのだ、名古屋を離れて考えなくてはいけないのだ、とそう考えて、今度は土曜日毎に、夜汽車に乗っては母のいる沼津に帰り、朝方まで母の枕もとに座り込み、翌朝また名古屋に戻るということもしてみました。母は時折苛立つ様子を見せながら、しかし布団に入ったまま、ただ黙って聞いているだけでした。母に何が言えたというのでしょう。

沼津に戻っていたそんなある日、駅近くのレストランに入って食事をしていたときのことです。重い目をふと上げて店の片隅のほうを見ると、六〇歳代と思しきご夫妻が互いに向かい合い、食事をしていました。身なりは決して贅沢ではありません。しかし質素のなかに清潔感があり、何よりも、そのご夫妻の周りには言いようのない安らぎが漂っていました。私は理由もなく即座に、「ああ、このご夫婦は教師とその奥様に違いない」とひとり合点し、六〇歳になった自分の姿をこのご夫妻に重ねてみました。こんな安らぎのある六〇歳の自分になれるなら、教師もいい。まるで憑き物でも落ちるように心が決まりました。

思えばこれほど独りよがりな思い込みもないわけですが、モデルというもの、モデルを通して引き起こされる納得や合点というものは、このように何気ない姿で現れては、有無を言わせず心を掴んでくるものなのかもしれません。死の受容の過程と合わせ考えると、これはとても興味深いことのように思われます。死の受容もまた、有無を言わせぬ独りよがりの納得と合点による以外にはないからです。

遠藤周作という作家がいますが、彼の作品に『わたしが・棄てた・女』というのがあります。純文学と通俗小説の中間を行くような小説ですが、中間小説であるが故に登場人物の対照を見事に浮き上がらせることに成功しました。登場人物は二人、作者の分身とも言える自己中心的な青年、吉岡努と、やはり作者自身の憧れの分身である無学な愛徳の女性、森田ミツ。作者はこの二人の人物の出会いともつかぬ出会いを描くことで、人生が用意する不思議な出会いとその意味について、印象深い物語を作り上げました。

終戦後間もない頃大学生だった吉岡努は、ただ自分の欲望を満たしたいばかりに、たまたま拾った芸能雑誌の文通欄を利用して森田ミツを誘い出し、渋谷のホテルでたった一度だけ欲望を満たすと、後は見向きもせず、ミツを見捨ててしまいます。しかしミツは底抜けのお人好しで、棄てられた後も彼を一途に愛し続け、慕い続けます。ミツはほどなくハンセン病と診断され、地方の病院に入院しますが、その診断が誤診だったことが分かります。自分の幸福を求めて、彼女は再び東京に戻ろうとするのですが、駅までは出たものの、どうしても汽車に乗ることができません。人の不幸を見過ごすことのできない聖女のようなミツは、自分だけの幸福を求めて、患者仲間の悲しみを見捨てることが出来なかったのです。たとえ誤診であったとは言え、彼女もまた一度はハンセン病という絶望の淵を共に歩んでいたからです。彼女は病院に戻り、患者たちに奉仕する愛徳の生涯を選び取ります。

吉岡努は、その後、勤め先の会社社長の姪と結婚、それなりに自足した幸福を享受していますが、あるとき、ふとミツの消息が気になり、何気ない年賀状を病院宛てに送ってみます。しかしミツからの返事はありません。しばらくしてから、その病院の修道女から一通の手紙が届きます。その手紙には、誤診だったミツの病気の一部始終と、病院に戻ってからのミツの献身的な奉仕の生活が報告され、最後に、つい先頃、不運にも交通事故で亡くなっていたことが記されていました。

実話に基づくと言われるこの小説は、吉岡の手記と、森田ミツの手記とから成り立っていますが、吉岡の「ぼくの手記」（一）には、ミツを誘い出したそもそものいきさつを記した後に、こんな感想が添えられています。

これが、ぼくがあの女を知った切掛だ。やがて犬ころのように棄ててしまったあの女との最初の切掛だ。偶然の切掛と考えるならば偶然かもしれぬ。しかし、この人生で我々人間に偶然でないどんな結びつきがあるのだろう。〔中略〕長い人生を共にこれから送る夫婦だって、始めはデパートの食堂でお好みランチを偶然、隣りあわせにたべるという、詰まらぬ出来ごとから知り合ったかもしれないのだ。だがそれが詰まらぬことではなく、人生の意味の手がかりだと知るためには、ぼくは今日まで長い時間をかけたのである。ぼくはあの時、神さまなぞは信じてなかったが、もし、神というものがあるならば、その神はこうしたつまらぬ、ありきたりの日常の偶然によって彼が存在することを、人間にみせたのかもしれない。理想の女というものが現代にあるとは誰も信じないが、ぼくは今あの女を聖女だと思っている……

（講談社文庫二五—二十六頁）

そして吉岡の最後の手記（七）は、こんな言葉で終わっています。

ぼくには今、小さいが手がたい幸福がある。その幸福を、ぼくはミツとの記憶のために、棄てようとは思わない。しかし、この寂しさはどこからくるのだろう。もし、ミツがぼくに何か教えたとするならば、それは、ぼくらの人生をたった一度でも横切るものは、そこに消すことのできぬ痕跡を残すということなのか。寂しさは、その痕跡からくるのだろうか。そして亦、もし、この修道女が信じている、神というものが本当にあるならば、神はそうした痕跡を通して、ぼくらに話しかけるのか。しかしこの寂しさは何処から来るのだろうか。

（同書二五四―二五五頁）

何とも感慨深い吉岡の手記ですが、それにしても、吉岡の「もし、ミツがぼくに何か教えたとするならば、それは、ぼくらの人生をたった一度でも横切るものは、そこに消すことのできぬ痕跡を残すということなのか。寂しさは、その痕跡からくるのだろうか」という言葉のなんと深く、美しいことか。一瞬の時間、一瞬の出会いのなかには、人間には量り知れない無限の意味が秘められているのかもしれません。しかし私たちは、その意味を知る由もなく、出会った多くの人たちの良さにも、真実にも気付くことなく、ただ無造作に見過ごし、見捨てて来たのではないでしょうか。しかし、その痕跡は私たちのなかに記憶として生き残り、時折よみがえるその記憶を通して、出会いの意味を私たちに問いかけ続けているのかもしれません。

人は、ひとりでは、生きてゆくことは出来ません。励まし合い、慰め合い、助け合う心の友というものが必要です。友さえあれば、孤独な人生も孤独なだけではなくなり、耐え難い人生も耐え難いだけではなくなります。

出会いの痕跡が残した寂しさの意味を知るためにも、今度こそ、忘れてはならないでしょう。頼るためでもなく、寄りかかるためでもなく、ただ友がそこにいて、生きていてくれるだけで、それは感謝に値することなのだということを。それが染み入るようにわかる自分自身に一日も早くなれることを、私は心から願っています。

（二〇一三年二月）

# とっさの一言――羅針盤となった妻への言葉

居たたまれないほどの切なさや不憫さと向き合ったとき、人は思いもかけない一言を口にすることがあるようです。思い余ってのとっさの一言であり、そのときにはさほど確信もないままの一言であったのに、その後の長い人生のなかで、幾度となくそこに立ち戻っては、動揺しがちな気持ちを結局はそれによって支えられる、そんな一言があるものではないでしょうか。そんな一言が私にも確かにあったように思います。遠い昔、妻が病の兆候を日ごとに露わにし始めていた頃の、ある朝のことでした。

妻は大腸がんの手術を受けました。術後、主治医からひそかに呼び出されたときのショックを今も忘れることはできません。

「手術は成功でした。でも残念ながら、癌はすでに腹膜に転移していました」。主治医はこんなふうに切り出しました。病気に疎い私には、その意味がよくわかりません。「でも、いずれ治癒できるということですよね」。私はすぐざま問い返しました。「いいえ、いずれ再発するということです」

「再発？　どれくらいで？」

「三か月か、六か月です」

事の重大さをまだ理解できずにいる私に、主治医はこう続けていました。「いいですか、わかりますか、わかりますね、今の医学では仕方のないことなのです」

ぼんやりとした頭のなかで、私がやっと理解できたのは、妻の余命があと六か月ほどしかないという事実でした。一瞬、目の前が暗くなり、私は強烈な罪意識を感じていました。五三歳だった私は、これまで妻の死というものを想像すらしたことはありませんでした。多忙な自分の生活に関心のほぼすべてを向けて、妻をいたわることも、妻を深く見つめることもしてきませんでした。

それから旬日ほどして、私たちは手術後初めて、病院の中庭に出ました。中庭の陽だまりのなかに落ち着くと、車椅子の上から、妻は何気ない様子を装いながら、手術の結果を問いかけてきました。私は動揺しました。いったいどこまで答えればよいというのか。差し迫った危険に気づかせ、予後に万全の注意を払ってもらうべきなのか、それならすべてをありのままに伝えるに越したことはない。しかしそう思う一方で、この期に至って、事実を明かすことにどれほどの意味があるというのだと、自分を責める声も聞こえていました。「手術はね、成功だったよ」こう取りあえず答えはしたものの、私の顔はいかにも冴えない感じに見えたのに違いありません。妻はすぐさまこう聞き返してきました。「なんだか冴えない答えね。でも、まさか、二年とか、四年とかということではないのでしょう?」

このときほど、生きているということの罪深さを覚えたことはありません。危険が差し迫っていることは感じながらも、妻はその危険を、少なくとも「二年とか、四年」という尺度のなかで考えている。それをどうして余命「六か月」などと言えるだろうか。妻は何も知らず、幼子のような全幅の信頼を私に寄せて、私の言葉を待っている。私はと言えば、まるで「神」のようにすべての事実を知りながら、その事実を妻に包み隠そうとしている。厳粛な生死にかかわる問題にまで、なお隠し立てをしようとする自分が、許し難く不遜で、罪深く思えてなりませんでした。

妻に対する償いの行為が始まりました。真実を語り得なかった私には、それに代わる何らかの誠実さを持つことが必要だったのかもしれません。しかし、私に何ができると言うのでしょう。妻の病を注視すること、そして、ひそかに祈ること、それしか私にできることはありませんでした。

二か月に旬日を欠く入院加療を終了するや、病気快癒を喜ぶ彼女は即座に仕事に復帰しました。平成元年十二月一〇日に退院した彼女には、勤め先の短大が正月休みに入るまで、まだ二週間ほどの授業が残っていました。授業日は火、水、木、金と週に四日、そのうちの二日間は、朝の七時に家を出て、帰りは夜の十時になる勤めです。この激務にいつまで耐えることができるのか、すべてを知っている私は、ただただ不安に怯えるばかりでした。

一日の仕事が終わり、寝室に入る時間になると、私は、妻の眠りを妨げないよう、闇のなかを手探りするようにして壁伝いに自分の布団にたどり着き、それからゆっくりと端坐すると、妻が寝ていると思われる方向に体を向けて、しばらく無言の祈りを捧げることにしていました。それは妻への謝罪の祈りであり、妻の回復を祈願する祈りでもありました。しかし、病魔は遠慮会釈することはありませんでした。

妻は日ごとに、新たな症状を付け加えていきました。闇のなかから聞こえてくる妻の寝息が心なしか苦しげに聞こえてくるようになり、妻のいびきもやや大きめに聞こえるようになったかと思われるようになったある夜のこと、いつものように暗闇のなかに座って祈っていると、闇の奥から、か細い妻の声が聞こえてきて、その声は確かにこう呟いていたのです。「いつも、いつもすみませんねぇ、こんなに遅いというのに……」私ははっとして、闇のなかで耳を澄ませました。しかし聞こえてくるのは妻の静かな寝息だけで、それ以上妻の声は聞こえてはきませんでした。

身近な人の病を見つめる苦しさは、刻々と深まっていく病状を逐一目撃する痛ましさにありますが、それにもましてつらいのは、その変化の一つ一つを愛する人が素直に受容していく、その不憫さを見つめることではないでしょうか。妻が手術を受けることに決まったとき、病室の妻は可愛らしい手を合わせるようにして、私にこう言ったのを覚えています。「私、ストーマ（人工肛門）だけはつけたくない。先生にお会いするたび、私こうして手を合わせて、お願いするつもり。『どうぞ、ストーマだけはつけないでください』って」

私と一緒にトイレをしながら、「ストーマをつけると苦しいわよ。私みたいになっては駄目よ」と言いながらも、妻は、そのストーマを受け入れました。間もなく、足の痛みを訴えるようになり、足を引きずるようにして勤め先から帰ってくるようになりました。ある夜、コーモリ傘を杖代わりにして暗い夜道を帰ってきた彼女は、こんなふうに言うのでした。「私、これから杖を使うわ。杖を使うなんて、なんでもないことだもの」

彼女の疲労は明らかでした。もうこれ以上彼女に仕事を続けさせてはいけない、少しでも命を長らえてもらいたいと思うなら、今すぐにでも入院させ、治療を開始しなくては取り返しのつかないことになる。祈るような気持ちで、彼女に入院を勧めてみました。それは夏休みに入る少し前のことでしたが、彼女は断固として入院することを拒みました。「今はまだ駄目、入院するわけにはいかないわ。入院するにしても、それは夏休みに入ってからね」事実を伝えることをしてこなかった私の説得は、たちまち暗礁に乗り上げました。これ以上説得を続ければ、真実を語ることと同じことになるからです。しかし今にして思えば、妻にはすでにすべてがわかっていたのかもしれません。

しかし私としては、気が気ではありません。たとえ言葉にはしないまでも、何かの方法で妻には事の重大さを伝えたい、できることなら事の真実に気づいてもらいたい。思えばそんなななんとも稚拙で、しかし思い余った真剣さが、あの日の一言を私に口走らせたのかもしれません。

その朝、勤めに出る妻を送り出すとき、玄関口で私は思わず知らず合掌の形に手を合わせ、「行ってらっしゃい」と言った後、続けてこう言っていたのです。「再婚などはしないからね」と。妻は一瞬、怪訝な顔をして私を見つめ、それからすぐに私と同じように合掌すると、くるりと背を向け、そのまま黙って出ていきました。

なんとも愚鈍な言葉でした。妻はこれをどのように受け止めたのか、励ましになったのか、ただ悲しませただけだったのか、今でも私にはわかりません。無我夢中のなかからほとばしり出たとっさの一言ではありましたが、その後長い間、私の心の拠り所として、この一言は、節目節目で私を支え、励ましにもなってくれた、ありがたい私の護身符であったことに今気づくのです。

（二〇一三年九月）

# 「叡智」と「平静さ」と「勇気」と——ニーバーの祈り

ふつう「ニーバーの祈り」、あるいは「平静の祈り」という呼び名で知られている、アメリカの神学者で哲学者でもあるラインホルド・ニーバー（一八九二―一九七一）の祈りの言葉をご存知でしょうか。ニーバーはオバマ大統領にも深い影響を与えた宗教哲学者だと言われています。素晴らしい祈りの言葉ですので、ここで一般に流布しているものに私なりの日本語訳をつけてご紹介してみたいと思います。こんなふうに始まる祈りです。

神よ、変えることの出来ない事柄については、それをそのまま受け入れる平静さを、
変えることの出来る事柄については、それを変える勇気を、
そして、

この二つの違いを見定める叡智を、
私にお与えください。

この祈りは、「アルコール中毒者更生会」（ふつうＡＡと略記されている断酒会）で公式に採用されている祈りの言葉だと聞いていますが、事実、私が初めてこの祈りの言葉に出会ったのも、ＡＡに加わって必死の更生に励んでいる主人公ドックの絶望と再生を描くアメリカ演劇、『いとしのシバよ、帰れ』（ウィリアム・インジ作、一九五〇年初演）の台本においてでした。ドックが毎朝唱えるこの祈りを、ニーバーの作とも知らず読んでいたのですが、その後これがニーバーの手になるものであること、そして、この祈りにはさらに以下のような祈りが続いていることも知りました。

ただ一日一日を無事に生き、
ただ一瞬一瞬を味わい楽しみ、
さまざまに訪れる苦難もいずれ平安へとつながる道筋として受け入れ、
たとえこの世が罪深い世界であっても、主がなされたように、ただあるがままにそれを受け入れ、
主の御心にお任せしている限り、いずれすべては正され、

この世でのほどほどの幸せを全うした後には、必ずや主とともにある来生での永遠の至福が待ち受けていることを信じます。アーメン。

素晴らしい祈りだとは思いませんか。前半の祈りで言う「事柄」とは、さまざまな苦難は言うまでもなく、自分を取り巻くさまざまな状況、抗しがたい人間の性癖、習慣までを含めた幅広いものですが、この祈りは、その苦しみが深ければ深いほど、ただいたずらにあらがうのではなく、それを「受容」し、先々をただ思い煩うのではなく、今ある一日一日、一瞬一瞬を精いっぱい生きながら、やがて訪れるに違いない幸せの時をじっと信じて待つことの大切さを教えています。

この二連の祈りのうちで、とりわけ私が心を打たれたのは、言うまでもなく「ニーバーの祈り」の代名詞ともなる第一連の部分でした。この部分が素晴らしいのは、それに続く第二連がどちらかといえば宗教的色彩を色濃くするものであるのに対して、この部分が苦難を前にしたときの人間の、叡智と意志と決断とが交錯する一瞬を、実に見事にとらえていると思えたからです。

その祈りは一見、単純、明快にも見えますが、決してそうではなさそうです。「変えることの出来ない」ものはそれを受け入れ、「変えることの出来る」ものはそれを変えるという、ただそれだけのこととして読めば、いかにも当たり前のことのように思われますが、それなら、なぜニーバーは、それを祈りにまでしなくてはならなかったのでしょうか。ここで言う「平静さ」も「勇気」も、それを備えるのは決して容易なことではありません。ましてや、「変えることの出来る事柄」と「変えることの出来ない事柄」とを見定めることに至っては、神に「叡智」を祈り求める以外にはないほどに困難を極めることを、ニーバーはよく知っていたのだと思います。

グリーフ・ケアで「支える側」に立つ私たちがいつも一番悩むのは、「悲しみがどうしても抑えられない」、「罪の意識がどうしても克服できない」と訴え続けられる方々とお会いするときです。その方々に、「ご主人の死は、あなたの力を超えた出来事だったのですよ」と言ったところで、どれほどの説得力があるでしょうか。また、「奥様の死は、決して貴方の責任ではなかったのですよ」と言われたところで、罪の意識が消え去るわけではありません。

激しい動揺を伴う苦難に出会うとき、私たちはまず茫然自失し、それからショックが徐々におさまるとともに、初めて動揺を静めたいという思いが芽生えてきます。しかし動揺は、静めたいと考えたから静まるというものではありません。静めるためにはそれなりの手順があり、内省という気の遠くなるような時間のかかる作業を一通りすませなくてはなりません。

この苦難はなぜ起きたのか、それは自分の犯した過ちが直接の原因だったのか、あるいは、人生のいつかどこかで犯した昔の過誤とどこかで繋がっているのだろうか、それとも、単に不可抗力の結果に過ぎなかったのだろうかなどと。

しかし、たとえ自分の過ちによって引き起こされたと判断された場合でも、それで即座にその過ちを正す気持ちになれるわけのものではありません。後悔と罪意識に打ちのめされる長い時間がまずあるはずです。またそれが、明らかに不可抗力の結果によるものと判断されても、それで直ちに受容する気持ちが起こるわけではありません。失意と怒りと絶望の闇の中をさ迷って、しばらくは平静の訪れる兆しもないのが普通です。それよりなにより、それが不可抗力の結果であったと断定できるなんらの根拠もありません。長い時間をかけた内省と逡巡の後に、「あるいはこれは自分の力を超えたものだったのかもしれない」という思いに至るに過ぎません。そのときでさえ、その判断が成立するには、それを後押しする意志と決断の助けなくしては成り立ちません。

「叡智」も「平静さ」も「勇気」もはじめからあるものではなく、行きつ戻りつの内省と逡巡を繰り返した末に、やっと姿を見せ始めるものですが、そのときでさえ、それを意志させ、決断させる内なる声なくしてかなうことではありません。ニーバーが神に祈らずにはいられなかった気持ちがよく理解できます。

どんなに深い悲しみもいずれ薄れ、立ち直る時期は必ず訪れます。私たちはそれを信じて参加者たちの悲しみを聞くのですが、そのためにも私たちはいつもこんなふうに祈っています。「八回のセッションを通じて、参加者たちがかつてなく深く自分を見つめる機会に恵まれ、『変えることの出来る事柄』と『変えることの出来ない事柄』とを見定める叡智に気付いてくれますように」と。この「叡智」さえ持つことができれば、事態をあるがままに見つめる「平静さ」も、自分を改めて見つめ直す「勇気」も、おのずと生じてくるに違いないからです。

（二〇一三年九月）

# 役割喪失後の人生をどう生きるか——海図のない海への航海

定年後の人生は、どこか海図のない海への航海に似ています。かつて経験したことのない「役割喪失」の時期に当たっているからです。これまでの人生は、常に役割とともにありました。幼児期にさえ、何かしら求められる役割といえるものがあったのではないでしょうか。少年期から青年期にかけては、学習と人間形成というさらに明白な任務と役割がありましたし、社会に出てからは、一家を支える父、母、夫、妻として、処理し切れないほどの任務と役割に明け暮れてきました。

それが、定年年齢を迎えるとともに、その任務と役割のほぼすべてが突然姿を消して、無定形な人生だけが眼前に広がり始めます。戸惑いを感じるのは男性ばかりではないはずです。女性もまた、子育ての任務も終わり、どことなく虚しさを感じ始めていた矢先に、夫を定刻に送り出すという最後の任務まで取り上げられ、夫婦によっては（伴侶を亡くしている者から見れば何とも贅沢な話ですが）、定年後の夫と四六時中過ごす時間の気づまりや気苦労に戸惑う妻もいるかもしれません。それでも夫婦そろっている限りは、互いに遠慮し合い、気遣い合ったりすることで、ある程度の役割意識は持続し続けるのかもしれません。しかしその伴侶が、一旦いないということになったら、もう、そういうわけにはいきません。妻としての、夫としての役割さえなくなり、生きがいらしきものも感じられないまま、ただぼんやりとひとり暮す心もとなさは、まさに海図のない航海にも似ています。

「でも、可愛らしいお孫さんがらっしゃるではありませんか。お孫さんのお世話も、大切なお役目ですよ」。その通りかもしれません。ですが、その場合でも、残されたのが父親の場合と、母親の場合とでは、その必要度にも違いがあるようです。孫の世話に関する限り、出産からその後の何くれとない世話に至るまで、残された父親では役立つところが少なくて、その点、母親のほうが役割の持続性という意味においては、格段に勝っているように思われます。

しかし、すべての方にお孫さんがあるわけではないし、それにその「大切な役割」にしても、本当の意味で必要とされ、感謝されているのかどうか、それが必ずしも定かというわけではありません。「おじいちゃん役」も「おばあちゃん役」も、親子双方の側に深い理解と思いやり、それに感謝の気持ちが伴って初めて理想的と言えるのですが、子育てに忙しい子供世代にあっては、思いやりや感謝よりも、まずもって便利だから、重宝だから、という場合も決して珍しくはないでしょう。親世代としては、誰に頼ることもなく、自分たちの努力と工夫だけでやってきたのですから、思いは複雑です。ひょっとして、子供たちの側に、孫の世話をすることが老いたる親たちの最大の幸福なのだと勘違いしているところがあるとしたら、その勘違いはぜひ訂正してやるのが、親としての務めかもしれません。同じ勘違いは、いずれ老後を迎えてからの子供たち自身の上に降りかかって来ないとも限らないからです。親たちには親たち固有の幸福観というものがあり、残り少なくなった老後の時間を思いのままに、大切に、生きてみたいという真剣な思いもあるのです。親たちは密かにこう叫んでいるのかもしれません。「私たちにも、私たち自身を生きる権利があるのよ」と。

海図のない航海に出るにあたっては、一度こんなふうに考えてみるのも意味のあることかもしれません。これまで担ってきた「役割」は、「本当の役割」だったのだろうか、それは演じることだけを求められてきた「仮面としての役割」ではなかったろうかと。

定年後の人生は、人によって「第二の人生」とも「第三の人生」とも呼ばれ、ときに「林住《りんじゅう》期《き》」という呼び名で呼ばれることもありますが、そこに込められている考え方は、いずれの場合にも共通していると言えるのではないでしょうか。人は誰しも、生涯で一度ぐらいは「仮面」ではない、「本当の自分」を生きてみたいと思うのです。

定年後の人生を「第三の人生」と呼ぶ呼び方は、古代インドで一般的であった人生を四区分する区切り方に準じたものと思われます。「第一の人生」は、人が生まれてから青年期までの学習と人間形成の期間、「第二の人生」は、実社会に出て働き、家庭を持ち、子供を育て、退職するまでの実質的な活動期、そして定年を迎えてからの人生が「第三の人生」ということになります。

「林住期」というのは、その古代インドの人生区分に基づく名称ですが、古代インドの人たちは、人間の一生を、「学生期《がくしょうき》」、「家住期《かじゅうき》」「林住期」、そして「遊行期《ゆぎょうき》」という四つの段階に分けて考えていました。「学生期」が「第一の人生」に当たる幼少年期から青年期に至る禁欲的な修業時代、「第二の人生」に当たるのが「家住期」で、家にあって仕事をし、家族を養い、子供を育てる時期、そして「林住期」とは、実質的な活動から離れて、より内面的な生活を求めて隠棲生活を始める時期、つまり「第三の人生」でした。

古代インドの考え方では、さらに「第四の人生」として「遊行期」というのがあったようですが、これは「林」が、「人里」と「森」との中間地帯にある位置関係からもわかるように、林に住む「林住期」が聖なる隠遁的生活の一面を持ちながらも、なお、世俗的な時間とも往き来する中間的な段階であったのに対して、聖なる側面をさらに徹底して、隠者・聖者としての道を選びとるのが、「遊行期」でした。

西洋的で、前向きな匂いの強い「第三の人生」という呼び名よりは、どちらかと言えば後ろ向きで、内面的なニュアンスの濃い「林住期」という呼び名のほうが私の好みには合うのですが、提言されていることはどちらにおいてもほぼ同じで、私なりの言葉で言い換えれば、次のようになるのでしょうか。

「老年とは、役割喪失の時代に他ならない。その意味では孤独で、危機的な時代ではあるけれども、それはまた起死回生のときでもある。なぜなら喪失したのは、実は「仮面」としての役割にすぎず、だからこそ、この状況を逆手にとって、今度こそ本当の自分、本当の役割、より真実な自分自身を模索してみるときではないのだろうか。幸い蓄えてきた資力もあり、真の自分と出会うためにも、残された資力を活用して、これまで出来なかったこと、してこなかったことを、今度こそ気の向くままにしてみるのはどうだろうか」と。

そういう目で改めて回りを見回すと、確かに、新しいことに挑戦されている方々が多いのに気付きます。カルチャー・センターに通い、市民大学に参加し、さまざまな習い事に精を出し、ダンスを習い、旅行をし、まさに解放された時間を目いっぱい使って、最大限の楽しみを享受されているように見受けられます。それはそれで素晴らしいことだと思います。

ただ一方で、私はふと、妻の死期が明らかになったときの私の戸惑いを思い出さずにはいられません。妻の余命があと数か月だということがわかったとき、その数か月を私は妻の最大限の幸せのために使いたいと念願しました。しかし、何をしてよいのかわからなかったのです。してあげたいと思うことは限りなくありそうでいて、さて、何をしてあげればよいのかがわからないのです。

当時、妻はまだ仕事に専念していました。その仕事を即刻やめさせ、思いきり贅沢な海外旅行を計画することも考えました。が、そのとき、まるで悪魔が耳元で囁いてでもいるかのように、こんな思いがよぎったのです。「妻のために最大限の喜びを計画したいと思うのは、偽りない私の気持ちだ。でも、それをどうやって、どこまで計画すれば、満足の行く計画になるのだろう、幸福に行き着く計画などあるのだろうか」と。私は、自分自身を妻の立場に置いて想像してみました。そして、こう考えたのです。外面的な幸福あさりをするよりは、むしろ、その数か月が、穏やかで、ごく当たり前の日常生活をし続けることのほうが、はるかに幸せではないのだろうか、と。私は平静であると思われる後者の道を選んだのですが、果たしてそれでよかったのかどうか、今でも自信はありません。

人生のたそがれの活用法にも、あるいは同じようなことが言えるのではないでしょうか。人生を豊かにすることを限りなく求め、欲求するのは、もちろん良いことだとは思いますが、その欲求の根元に、「生涯のうちでたった一度でもいい、『仮面』ではない『本当の自分』に、『本当の役割』に行きつきたい」という本家本元の衝動を忘れてしまったら、やはり本当の満足には行きつかないのではないかと思うのです

老後の時間を本当の意味で喜び、楽しむためには、性急であってはならず、時間をかけて、ゆっくりと、忍耐強く、幸福の在り処を探し求める慎ましさもまた必要なのかもしれません。

（二〇一四年二月）

# 老後を老後にしないために——「本当の自分と出合う」楽しみ

敬愛する年上の知人にやや大きめの腹部大動脈瘤のあることがわかったときのことです。私もびっくりしましたが、健康には自信のあったご本人には、なおさらのことだったでしょう。ご一緒して医師に相談に行ったこともありました。

それから間もなくのことでしたが、その先輩があるときこんなふうに呟いたのです。「私には、まだ片づけなくてはならないことが幾つかあってね、どうしたものかと考えているんだ」と。ひょっとすると深刻なことかもしれない、聞いてはいけないことかもしれない、そう思いながらも、思い切って訊ねてみました。答えを聞いて、不謹慎にも思わず吹き出していました。知人はこう答えたのです。「もうずいぶん昔のことになるけれどね、友人たちと連れ立って温泉旅行に出かけたんだ。とても親切な旅館でね、いろいろお世話になってね。それなのに帰る前の晩、皆で夜通し飲み明かして、仲間の一人が枕もとに大きく吐いてしまってね。翌朝、ぼくたちは、その汚れた部分にすっぽりと布団をかぶせて、何食わぬ顔で帰ってきてしまった。あれほど親切にしてもらったのに、ひどい裏切りだよね。それが無闇と悔やまれて仕方ないんだ。謝りに行くべきだろうかね、どうだろうか」。彼は続けて、こんな罪状までつけ加えました。「旅館の下には川が流れていて、河原に下りるときれいな石が転がっていてね。姿の良い石を見つけたので、つい記念にと思って、拾って持ち帰ってきてしまった。これも、河原に戻しに行かないといけないかね？」

腹部大動脈瘤の大事を前にしての悔やみ事にしては、いかにもささやかな悔やみ事に思えて、思わず吹き出してしまったのですが、ふつうなら滑稽としか思えない知人の言葉が、私にはふと年齢を重ねた人間の心の姿をつぶさに映し出しているように思えて、聞いていて粛然とするものを覚えずにはいられませんでした。

老齢になれば、悩みごとや心配事はなくなって、心は平安そのものになるものとばかり若い人たちは考えているかもしれません。ところが、事実は逆で、老人ほど不安や後悔にさいなまれる存在もまたないのではないでしょうか。身体に関する不安もあれば、ぼんやり見え始めてきた死の不安や、それに過去のさまざまな失意や悔やみ事が次々と思い起こされて、つい落ち込む機会も多くなります。年齢につれて、その度合いも頻度も深まるようで、長年にわたって積み上げてきた心の負債を、一度清算してみたい、償えるものなら償いたいと、つい考えるようになるためかもしれません。知人の呟きにも、きっとそんな思いが潜んでいたのでしょう。

定年後の時間を積極的に活用しようという提言が盛んななかで、そうした提言の幾つかにときおり違和感を覚えるのは、こんな老人の心境を思ってのことかもしれません。人生百年時代と言われるこんにちであれば、積極的な老後の活用法が説かれて当然ですが、定年後間もない人たちの場合ならともかくも、死を日常的に意識するほどの年齢層には、提言の多くがあまりにも前向き過ぎ、積極的過ぎるように思えるのです。もう少し人生を「振り返る」ような視点、もっと言えば、悔やんだり、後悔したり、自己嫌悪さえ認めるような、そんなネガティブな視点があってもいいのではないかという気がしてなりません。どんなに楽しい時間を過ごそうと、どんなにはしゃぎ回ろうと、心の現実にある悲しさや不安や痛みに変化があるわけのものではなく、心に残る自分の問題はやはり自分の手で時間をかけてゆっくりと解消していく以外にはありません。

そんな心境のこの頃、びっくりするほどの喜びや楽しみを見つけ出すのは困難でも、それに代わり得る、あるいはそれに匹敵するほどの喜び楽しみはないのだろうかと、ぼんやり考えてみることがあります。すると、ひょっとすると、一つだけはあるような気がしたのです。「本当の自分と出会う」楽しみ、もっと正確に言えば、「本当の自分になる」楽しみ、それこそが本当の喜び楽しみではないのだろうかと。やや大げさには聞こえるかもしれませんが、それは「自分自身の『魂』の軌跡を追ってみる」ということかもしれません。

こう言うと、なにか難しいことを言っているように聞こえるかもしれませんが、難しいことを言っているのではありません。「ときに応じて、失意し、みずからを恥じ、後悔する」、そんな自然な心が生きてさえいれば、それが、「自分の魂の軌跡を追う」ことになるのではないかと思うのです。ときに自分に失望し、自分を嫌悪し、絶望することさえある限り、そこには常に、自分を見詰め直し、「新しい自分」、「本当の自分」になろうとする、「魂の軌跡」への関心が息づくことになるからです。

もう一〇年以上も前のことになりますが、私たちの会が毎年催す「全体会」の席でのことでした。当時はまだ、全体会が始められたばかりの頃で、会を魅力的にしようとして、様々な企画が試みられていたのですが、その年にはカラオケとダンスが計画されることになりました。何人かの男女が次々と歌い、幾組かの男女が踊り始め、やがて宴もたけなわとなった頃、周りの雰囲気に誘い出されたかのように、二人の女性が、突然、踊りの中に加わってきました。その年度の「支える会」を終えたばかりの二人でした。二人は頭上に両手をかざすと、互いにリズムをとりながら、ほかの男女の間を縫い、旋回するようにして、無心に踊り始めました。それは沖縄の喜びの踊りにも似た踊りでしたが、なんとも優美でたおやかで、思わず二人の顔に目を注ぎました。二人の眼からは涙があふれ、二人は、踊りながら泣いていました。

命を喜び、そして悲しむ涙。二つの力がせめぎ合い、共存し合ったその光景は、まさしく人生の縮図そのもののように見えて、深く脳裏に刻み込まれました。人生は、悲しみであると同時に、また喜びでもあります。それを見ながら、私もまた歓喜しながら生きてゆきたいと思いました。

しかし、ときおり点る喜びの灯も感動の灯も、押しなべて平凡な日々のなかでは、瞬く間にかき消されてしまいます。しかし、そんな時こそ、慎ましく、ひそやかに、「魂の物語」を紡ぐときかもしれません。尽くしきれなかった伴侶への償いのためにも、理解し切れなかった伴侶の思いを改めて理解するためにも、今度こそ時間をかけて、失意し、恥じ、後悔し、そして、ときに喜びを覚えつつ、じっくりと、自分自身を見つめ直してみるときではないのでしょうか。

高村光太郎の「人類の泉」という散文詩の中に、こんな言葉がありました。先駆的な芸術家の孤独とその孤独な彼を支える智恵子への愛を歌った、光太郎三〇歳の頃の作品ですが、「智恵子を通して人類に触れる」という思想のなかに、変転してゆく己自身の「魂の物語」を書き上げようとする、光太郎の息遣いを感じることができるのではないでしょうか。

私は今生きている社会で
もう万人の通る通路から数歩自分の道に踏み込みました
もう共に手をとる友達はありません
…………
けれども

私にあなたが無いとしたら
ああ　それは想像も出来ません
想像するのも愚かです
私にはあなたがある
あなたがある
そしてあなたの内には大きな愛の世界があります
私は人から離れて孤独になりながら
あなたを通じて再び人類の生きた気息に接します
ヒュウマニテイの中に活躍します
すべてから脱却して
ただあなたに向かうのです
深いとほい人類の泉に肌をひたすのです
あなたは私の為に生まれたのだ
私にはあなたがある
あなたがある　あなたがある　（『智恵子抄』、「人類の泉」より、大正二年）

（二〇一四年二月）

# フロイディアン・スリップ？——母、妻、女性

英語に、「フロイディアン・スリップ」（Freudian slip）という言葉があるのをご存知でしょうか。男性のマザコン（母親依存）傾向などをからかうときに、よく使われる言葉です。「フロイディアン」というのは言うまでもなく、オーストリア生まれの精神分析医ジグムント・フロイトの名前フロイトから出た英語名の形容詞形で、「フロイトふうの」というほどの意味、「スリップ」というのは「滑る」こと、つまり、つい「口を滑らせる」ことで、友人たちと話しているときなどに「私の妻が」というべきところを、うっかり「私の母が」などと口走ったりすると、「ほら、本音が出た」とばかりにすかさず飛んでくる冷やかしの言葉です。しかし最近私は、この言葉が、思っている以上に真実性のある言葉ではないかと考えるようになりました。

男性の意識の奥深い部分には、「自分」と「母親」は言うまでもなく、「妻」と「母親」、さらには「女性」一般と「母親」とを無意識のうちで繋げている部分があるのではないか、そして、それはむしろ当然で、自然なことではないのだろうか、と考えるようになったのです。

こんなふうに言うと、「ほら、やっぱり」とか、「男の人は、何かと言うとすぐ女性に母親を期待するんだから」と白い眼を向けられそうですが、ここでお話ししてみたいのは、もう少し深いレベルでのマザコンのお話です。

「マザコン」とは「マザー・コンプレックス」の略ですが、コンプレックスと聞くと、すぐ「劣等感」と結び付けがちです。しかし、劣等感はコンプレックスのほんの一部にすぎません。「劣等コンプレックス」もあれば「優越コンプレックス」もあるといった具合で、「コンプレックス」の本来の意味は、「観念複合体」などと訳されていることからもわかるように、それぞれの人の無意識のなかに長い時間をかけて蓄積されてきた、互に似通った様々な記憶の集合体のようなものと考えればよいでしょう。「マザー・コンプレックス」と言えば、母親に関して、生まれてこの方、長い時間をかけて蓄積してきた母親に関する記憶の総体のことで、何かの拍子でその部分（コンプレックス）が刺激されると、そのときどきの心理状態に応じて、そのときの心理を反映した母親イメージが喚起されることになります。

もちろん、この記憶喚起は、無意識のうちに行われるものであり、しかも膨大なイメージ群のうちのほんの一部が引き出されてくるに過ぎませんから、その印象はきわめて情緒的で、普通、「気分」と呼ばれるようなものとして現れます。埋め込まれているイメージ群が総じてネガティブであれば、喚起される母親の印象も総じて否定的なものとなり、逆に、蓄積されているイメージ群が総じてポジティブなものであれば、喚起される母親の印象も総じて肯定的なものとなります。これが「コンプレックス」と言われるものです。

「母親イメージ」の形成と蓄積は、赤ちゃんがお母さんの乳房をふくむときから始まっているものと考えられます。乳児にとって母親の乳房は母親そのものですから、乳房が赤ちゃんの思い通りになってくれれば、乳房という母親は、赤ちゃんにとっては「満足すべきもの」「信頼できるもの」として記憶され、失望が長期にわたって繰り返されれば、乳房という母親は「満足できないもの」「信頼できないもの」として記憶されます。その後も子供は大人になるまで母親との長い接触を繰り返すことで、「母親」に関する様々な記憶を蓄積し、矛盾を訂正し、調整しながら、「母親イメージ」を形成していくものと考えられます。

大事なことは、男性にとって、母親イメージの形成は、「女性」一般についてのイメージ形成とも密接に連動しているのではないかということです。母親と同じ性である女性一般のイメージが、母親イメージから整然と分離されたまま形成されていくとは到底考えられないからです。取り込まれていく女性イメージは、当然、隣接する母親イメージと比較され、混同され、ときに対立し、同一化されながら、男性の意識のなかに次第に蓄積されていくものと想像されます。伴侶となる妻は、その蓄積された女性イメージの影響のもとに選択されていくわけですから、男性の意識のなかでは、自分と母親・妻・女性一般が微妙に繋がり合うことになり、したがって、自分のなかに、妻のなかに、女性一般のなかに、母親の俤や声を聞きつけることになったとしても、なんら不思議はないことになります。（この過程は、女性の場合には、父親、夫、男性一般と繋がるイメージ形成の過程に置き換えて考えることができるでしょう。）

私は自分の体内に母親が「存在している」という感覚を、驚きを持って体験したのを覚えています。六歳か七歳の頃のことだったと思いますが、その頃の私は、自分のことを「オレ」と呼び、自分は「オレ」以外の何物でもないと思っていました。ところが妹は自分のことを「チエコ」という自分の名前で呼び、「自分がする」と言うところを「チエコがする」というように言うのです。子供心にそれがなんとも不思議で、あるとき、自分のことを自分の名前で呼んでみたらどんな気持ちがするのだろうかと考えました。私は声に出して「ミツノブ」と呼んでみました。すると、自分の声でありながら、その呼び声は母親の声としか聞こえないのです。不思議に思って、何度も何度も繰り返してみたのですが、呼んでいるのはやはり母親でした。

当時、父親が長らく単身赴任をしていたこともあって、「ミツノブ」と呼びかけるのは母親以外になかったことを考えれば、それが母親の声としか聞こえなかったとしても不思議はなかったのかもしれません。しかしこの経験は、母親が「自分のなかに生きている」ことの確かな証拠のように思われて、その後しばらくの間、自分のことを自分の名前でそっと呼んでは楽しんだのを覚えています。

もう一つ、「母親の内在化」を自覚させる出来事として、私にはある鮮明な夢の記憶があります。もうすでに五〇代に入ってからのことだったと思いますが、その頃、私は自分のことだけにすっかりかまけて、母を思いやることも、母を思い出すことさえも忘れていました。しかし心のどこかには、いつも、優しい言葉すらかけてやれない自分の不実さを責め、悔いている自分がいました。とにかく三七歳の若さで夫（私の父）を亡くして以来、細々と手内職をしながら、女手一つで三人の子供を育て上げてくれた母でしたから。

私は不実な息子である自分を責め続けながら、「母には決して年老いてほしくない、いつまでも今のままの姿でいてほしい」と無性に願う気持ちもあり、しかし刻々と老いていく如何ともしがたい事実を思っては、痛切な悲しみを覚えたりしていました。これはそんなときに見た夢でした。私の傍らには、三〇代か四〇代と思われる母がいます。その母に向かって、私は深い悲しみを覚えながら一心に訴えていました。「お母さん、年を取ってしまうのは悲しいでしょう。悲しいですよね。母さんには僕など生まなければよかったんだね。お母さんのお腹のなかには、いま、僕が入っているけれど、その僕など、生まないほうがいいんだよね」そう訴えている私は，私自身でありながら、同時に母の胎内にいる私であり、母自身であったのかもしれません。夢のなかの母はいつものように照れたような笑顔を浮かべていました。

さて妻についてですが、妻は四人きょうだいの末っ子であり（すぐ上の兄は、浜松市の大空襲の折に幼くして亡くなりました）、結婚後も、しばらくの間は、私のことを「オンちゃん」（お兄ちゃん）と呼んでいたくらいですから、結婚に際して、私が妻に母親を期待していたことはまずなかったと思います。にもかかわらず、後年、時折、私は妻のなかに、母の声を聴くことがありました。それは大抵、私の我儘や身勝手さに傷ついた妻の悲しみと怒りの声を聴くときでしたが、その声のなかに、私は幼い頃の私を叱る母の声を幾度か聴きつけるのを感じました。病を得てから台所に立つ妻の佇まいにも、ときおり母の俤を見ることがありました。

母と重なり合う妻が決まって「悲しむ妻」であったのは、長い時間のなかで、私がいつしか母を「悲しみ」の感情と結び付けて考えるようになっていたからかもしれません。父を亡くした後の母の孤独と苦労を身にしみて感じていながら、母の存在を平気で忘却している息子、気持ちの上では、言葉の上では、母を気遣い、心配しながら、その気持ちをちっとも行動として表わそうとしない息子。そういう息子を持つ母の運命を、なんとも身勝手なことですが、私はいつとはなしに「悲しみの母」として位置づけ、まるで他人事でもあるかのように、その母の悲しみを「母なる人の悲しみ」「母なる人の運命」として、胸の奥に刻み込むことになったのかもしれません。悲しむ妻、苦しむ妻の姿は，おのずと「母」の、そして「母なる人」の悲しみの運命と繋がり、「母なる人」の性を内に備えた「女性」一般のなかにさえ、「悲しみ」を容易に見出すことになったのかもしれません。

私は母が大笑いするのをあまり見た記憶がありません。父が亡くなって間もない頃、母がぼそっとこんなふうに言ったのを覚えています。「よその人は、どうしてあんなに楽しそうに大笑いできるのだろうね。そんな気持ちに母さんはとてもなれない」。その頃、母がひっそりと口ずさんでいたのは高峰三枝子の『湖畔の宿』、母が熱心に読んでいたほとんど唯一の小説と思われるのが犀星の『杏っ子』。母は悲しみと折り合うようにして生きてきた人でした。遠慮深く、控えめで、見栄を張らず、自分に許された分のなかで、人のため自分のために最善を尽くして生きた人。私はそんな女性を見かけると、つい母と繋げ、懐かしさと限りない親愛とを覚えるのです。

（二〇一四年一〇月）

## 地底の悲しみ——私の聖母子幻想

いつの頃からか、車中などで幼いお子さん連れの親子を見かけると、つい二人の会話に耳を澄ませてしまいます。

お母さんの優しさに包まれて安心し切っているお子さんを見ていると、自分までがその優しさのなかに吸い込まれていくような気がしてきます。昨年（二〇一三年）三月、数え歳一〇二歳で母を亡くしましたが、ここ何年かの間、老いゆく母の姿を見るにつけ、幼い頃の自分を思い出すことが多くなっていました。

母を亡くす以前に、私は、父、兄、妻の順で近しい人を亡くしていますが、親の死、とりわけ母親の死は、どの死とも一味違う特別の感慨があるように感じました。

父は私が中学一年の昭和二四年に四五歳で亡くなりました。病は肺結核。その頃、肺結核は死の病とされ、貧者と富者とを峻別する冷酷な病でもありました。父はその数年前頃から急速に病状を悪化させていたようですが、ペニシリンともストレプトマイシンとも無縁のままに終わりました。

亡くなる日の朝、母は兄と私をそばに呼んで、今日はお父さんが危ないから、学校は休むように、と言い、それから「親の死に目に会えないことほど、親不孝なことはありませんからね」とも付け加えました。にもかかわらず、どうしたわけか、私も兄も何が何でも学校に行くのだと言い張って、父の訃報を聞いたのは、学校に着いてから間もなくのことでした。

父の死はそれなりに大きなショックでしたが、そのときの反応は、強い悲しみというよりも、漠然とした「罪」と「後悔」の意識、それと、おそらくは同程度に漠然とした恐れと不安の感情だったように思います。父の死後しばらくの間、暮れなずむ夕暮時になるとともに、白布をかぶせられた父の顔が消しても消しても浮かび上がり、どこかの家から流れてくるヴァイオリンの音色を聞いては、消え入るような心細さと寂寥感に襲われたのを覚えています。しかし、そんな不安もやがて消え去り、気づいたときには、いつもの日常生活が始まっていました。

子供である私のほうはそれで済みましたが、三七歳という若さでひとり残された母のほうは、とてもそんなわけにはいかなかったでしょう。女手一つで三人の子どもたちを育てなくてはならなかったその日々は、母の言葉によれば、「薄氷を踏むような、不安と必死の思いの連続」

でした。さしたる寂しさも不安も感じないまま、あの時期を過ごせたのも、母の苦労があってのことでしたが、そのほかにも付け加えるものがあったとすれば、底知れぬ不安というものを知らない幼さと、親の庇護さえあればどんな不都合も不都合とは感じない、あの子ども特有の楽観と生命力によるものだったに違いありません。

今にして思えば、父の死に対してももっともっと悲しみ、もっともっと思いを深くしなくてはいけなかったと思うのですが、さほど悲しむことも、思いを深くすることもなく素通りしてしまったのは、悲しみにしろ、喜びにしろ、さらには感謝の思いすらも、そのときの自分に許され与えられた認識のレベル以上には、見ることも、感じることも許されてはいないのだ、ということなのかもしれません。それなりに人生を生き、経験を積み重ねることによって、初めて、過去の時点では見えなかった思いや感情が追体験され、改めて理解されてゆくのかもしれません。

まだ三〇代の頃、ある文芸雑誌で、ご母堂の死を悼む作家井上靖の文章を読んで、ひどく驚いたのを覚えています。ご母堂が亡くなられるのは確か一九七三年、そのとき井上靖はすでに六六、七歳で、『天平の甍』（五八年）、『氷壁』（五九年）、『敦煌』（六〇年）など、代表作とされる作品を矢継ぎ早に出していて、すでに押しも押されもしない大作家でした。その彼が、その文章のなかで、まるで母親に置き去りにされた赤子のように、文字通り「お母さん、お母さん」と呼びかけながら慟哭していたのです。その悲しみようは異常なくらいで、ひどく戸惑ったのを覚えています。しかしそれは異常でも何でもなく、齢を重ね、人生経験を積み、人生を深く理解する資質にも恵まれた作家井上靖であってみれば、当然にして行き着くべき、ご母堂への深い理解であり、それ故の悲しみだったに違いないのだと、今にして思い当るのです。

きょうだいの死や、特に伴侶の死は、自分の半身をもぎ取られるような鋭い痛みを伴いますが、親の死はそれとは少し違って、自分自身の存在が根元から揺るがされるような、身元を曖昧にされるような、そんな鈍くて深い、根源的な動揺を伴うものではないのだろうか、というのが私の実感です。それはどこか大海に投げ出された難破者の心もとなさにも似ています。

それは恐らく、自分と同じ時間を生き、同じ体験を分ち合ってきたきょうだいや伴侶が己自身の一部のように感じられていたのに対して、親というのは自分の遥かな出発点であり、原点でありながら、これまで常に忘却され、あるいは否定され続けてきた存在であったからかもしれません。

生きるということの実態は、少なくともある年齢に達するまでは、常に出発点を置き去りにして、新しい世界、新しい自分をひたすら作り上げる努力の連続であったと言えるのではないでしょうか。それは、常に親を忘れ、置き去りにし、親から出来る限り遠ざかる道行であって、それが生きるということでした。ふるさととは、懐かしい場所であると同時に、逃げ出したい、振り払いたい、しがらみの世界であり、帰る度に昔の自分を見せつけられる、なんとも居心地の悪い場所でもありました。

もう五、六年も前のことになりますが、七〇歳で定年を迎えた私は、以前よりも足しげく母の家に出かけるようになっていました。そんなある日のこと、よもやま話をしているうちに、母が突然こう問い質してきたのです。「あなたはいまなにをしているの？」。こちらは定年退職したばかりで、やっと自由が楽しめるとホッとしていた矢先でしたが、「何もしないで遊んでいるよ」とはさすがに言えず、「とくに何もしていないな。本を読んだり、散歩したりしてるかな」と答えました。すると、母の顔がにわかに険しくなって、こう言ったのです。「近所の○○さんの所の息子さんは、今でも一生懸命働いていますよ。そんなことでは駄目じゃないの」。そのとき母は九七、八歳、六〇代に緑内障を患い、七〇代からは両眼ともに完全に明かりを失っていましたから、髭の白い、髪の毛の薄い私の顔は見えていませんでした。その場を逃げ出すわけにもいかず、寸分変わらぬ昔のままの自分が母の前に座り込んでいるような気がして、なんとも落ち着かない気分を味わいました。

優しさも厳しさもこもごもにある母でしたが、いつの頃からか、私にも母の悲しみが手に取るようにわかるようになりました。母の苦労を見習ううちに、樹木のなかの虫の卵が時間をかけて成虫に育つように、ある日、私自身が母その人であることに気付きました。命の果ても見え始め、母の孤独感も、母の寂しさも見えてきました。車中の親子連れが急に気になるようになったのも、母と共にあった幼い日の幸福が、忘れ難く蘇るようになったためかもしれません。

大昔の、出発点の頃の、あの温かさと安らかさに戻りたい。母の安らぎのもとに帰りたい。これは、人生のある時点から、誰もが感じる共通の思いなのかもしれません。これを帰巣本能と呼ぶのなら、その本能の向かう先は、一体どこになるのでしょうか。

もう一度おおもとに立ち戻ってみたい、出来たら、おおもとのまっさらな自分にも戻りたい。そして、出来ることなら、自分の来し方を改めて振り返り、確かめ直して、自分の人生に一本の道筋を見定めてもみたい。母の死を契機に、そんな思いを濃くしました。

（二〇一四年一一月）

# 死者との絆、死者への誠実——死別体験が促すもの

何気ない路傍の草花が、まるで自分の分身でもあるかのように愛おしく思われたり、急に鮮やかに浮き上がって見えたりしたことはありませんか。世界が急に濃い陰影を帯び始め、ほんの些細な人の優しさが無性にありがたいと思えたりしたことが。

周りの世界が急に陰影を濃くし、些細な人の優しさにも感動するようになったのは、それを受け止める自分自身の側に陰影が加わり、自分自身が優しさの尊さに気づいたからではないでしょうか。先日も、こんなことがありました。

いつもの会の後のお茶の席でのことでした。たまたまAさんと隣り合わせになりました。Aさんは五〇代に入ったばかりの女性で、席に座るとすぐ、弾むような調子で私に話しかけてきました。「念願だった主人の医療検証（治療にミスがなかったかどうかの検証）を、ついにす

ませてきました」と言うのです。一人ではどうしてもやり遂げられなかったこの難事を、「支える会」で仲良しになった数人の仲間たち同席のもとで、ついにやり遂げたというのです。弾むような声のなかに、Aさんの喜びが溢れていました。

Aさんには、B病院の医療が果たして適正であったかどうか疑問でした。致命的な激痛症状が現れる一週間前にも、吐き気とめまいを訴えて、その病院に行ったのですが、B病院では判断がつかず、医師はただ手をこまぬいて見ているだけで、もっと設備の整ったC病院が近くにあるのに、その病院を紹介することすらしませんでした。あの時点ですぐC病院に行っていたら、そう思うとAさんは悔やまれてなりませんでした。

医学の知識に疎い私には、B病院の心無い言葉遣いや対応の仕方については腹を立てることも出来ましたが、医療上にどれだけのミスがあったかどうかについては、判断する能力はありません。これからお話することも、医療上のことではなく、Aさんのお話を伺っていた間中、私が終始感じていた深い感銘についてなのです。それは、Aさんの、ご主人の死に対する誠実さについてでした。

Aさんはお話の間中、「夫の思いを代弁できるのは私しかありませんから」と、幾度となく繰り返されながら、こんなふうに話されたのです。

「主人の思いをしっかりと代弁するには、担当の医師にではなく、病院の院長に直接問い質す以外にはないと思うのに、その勇気が出ません。会社の同僚のなかに主人の親友がいましたの

文句が言われるでしょう。息子さんがおられで、その方に同席をお願いしたのですが、その方からは『なぜ病院に行くのですか。文句が言いたいからですか』と言われ、さらに『私は身内ではないから不適切です。息子さんがおられるでしょう。なぜ息子さんにお願いしないのですか』」と言われたと言うのです。Aさんは再婚でしたので、前の奥さんとの間の息子さんがいて、すでに三〇代になっていました。Aさんは息子さんに話してみました。が、やはり良い返事はありません。「あなたのお父さんのことでしょう」と説得はしてみたものの、返ってきたのは、「いやだなぁ、なんだか怖いよ」という返事だけでした。

お話を伺いながら、私はいくばくかの後ろめたさを感じながら、密かに考えていました。自分だったらどうするだろう、どう返事をしていただろうと。おそらく、私もご友人や息子さんと同じように、結局は、遠回しなお断りをしていたのではないだろうかと。そして考えていました。Aさんのこの強い意志と行動力は、一体、どこから生まれてきているのだろうかと。

不思議なことですが、生きている人や、生きている人の言葉に対しては、たとえその人にどれほど好意や尊敬を抱いていようと、これほどまでに徹底して誠実たろうとする意志を持つことは普通ないのではないでしょうか。生きている人である限りは、いずれ恩返しもできると思い、これからもさまざまなお話が聞けるかと思えば、自然と保留の気持ちも生じてきて、徹底する気持ちをなんとはなしに置き去りにしてしまうものです。

しかし、故人に対してだけは、なぜかそんなふうにはいきません。死者への務めはゆるがせには出来ないという、畏れのようなものがどこかにあり、死者の言葉は、ほんの小さな言葉までが心に残って、幾度となく思い起こさずにはいられません。

死別体験の後遺症とも言える感情に、罪と後悔の思いがありますが、私たちの会に参加される方々のなかにも、同じ思いに苦しんでおられる方は沢山いらっしゃいます。そうした方々のお話を聞くたびに、その辛さをなんとか軽減できる方法はないものかと思案するのですが、「時にまかす」という以外には、特に名案もありません。ただ、こんなふうに考えてみることは、きっと意味のあることに違いないと思っています。「辛い後悔や罪の意識も、実はAさんの場合と同じように、そこには死者に対する一途な誠実さがあり、それゆえの後悔であり、罪の意識ではないのだろうか」と。

罪や後悔の思いは、死者との絆があればこそ生じるもので、それは絆の印であり、その印がある限りは、死者たちは私たちのなかに生き続けているのだと言えるのではないでしょうか。伴侶亡きあと、亡くなった伴侶への務めを見事に果たして他界していく友人たちを見るにつけ、私はこんなふうに考えることがあります。「あとに残されるということは、死者たちがもはや果たすことができない務めを、死者に代わって果たすべく、私たちに託されたからではないのだろうか」と。

オーストリアの精神科医にヴィクトール・フランクル（一九〇五─九七）という人がいます。ナチス・ドイツによってアウシュビッツ収容所に収容されたことでも知られていますが、そのフランクルは、人間がこの世で実現できる価値には、三つの種類しかないと言っています。一つは「創造価値」、もう一つは「体験価値」、そして三つ目が「態度価値」です。

「創造価値」というのは、言うまでもなく、人間の創造的な活動によって生み出される価値のことで、創意工夫によって生み出されるさまざまな仕事や、研究活動、芸術活動などがその代表的なものですが、愛に育まれた子育てもまた、勝れて創造的な営みであることを付け加えたいと思います。

「体験価値」とは、新しいことを体験することから生み出される価値のことで、人を愛することを知ったり、見知らぬ土地を旅したり、芸術作品や自然のなかに美や喜びを発見することなどがこの価値に当たります。

しかし、創造価値も、体験価値も、どちらかといえば、青年期や壮年期の活動期にこそふさわしい価値ですが、年齢とともにそれらを享受する力は失われ、ときには、享受する機会そのものを奪われることすらあります。しかし最後の「態度価値」だけは、人生のいかなる状況においても、場所においても、実現することは可能であり、最後まで生き残る価値でもあります。なぜなら、態度価値とは、苦境のなかでこそ育てられ、形成されていく人間の、「覚悟」にも似た「心の態度」のことだからです。

病や老齢といった、人生の途上でやむなく訪れてくる苦境や逆境のなかで、私たちは一つ一つ失いながら、それらに代わる人生の意味と価値とを発見していきます。一つの喪失体験は、必ず心のどこかに一つの痕跡を刻みます。その痕跡は、時間をかけて、育ち、意味を深め、広がりながら、他の喪失体験と繋がっていき、やがて一つの「覚悟」へと固まっていきます。死別体験とは、そんな息の長い価値形成の過程でもあったのです。

漱石に『こころ』という作品があります。現在の妻を得るために、かつて友人を裏切り、死に追いやった「先生」の長い手紙で終わる作品ですが、その手紙のなかで、先生は一つの痕跡が深まり、広がり、さまざまな意味と繋がっていく様をこんなふうに伝えています。

私はただ人間の罪というものを深く感じるのです。その感じが私をKの墓へ毎月行かせます。その感じが私に妻の母の看護をさせます。そうしてその感じが妻に優しくしてやれと私に命じます。私はその感じのために、知らない路傍の人から鞭うたれたいとまで思ったこともあります。こうした段階を段々経過していくうちに、人に鞭うたれるよりも、自分で自分を鞭うつべきだという気になります。自分で自分を鞭うつよりも、自分で自分を殺すべきだという考えが起こります。私は仕方がないから、死んだつもりで生きていこうかと決心しました。……（漢字の一部をひらがなに直しました）

『こころ』の先生は、結局、明治天皇の崩御とともに、殉死を遂げるかのように死を選んでいきます。明治という時代と共に生きた漱石としては、明治天皇の崩御と合わせた先生の死に、近代的なエゴイズムに毒されていない旧時代的精神の終焉を描きたかったのかもしれません。
これもまた一つの態度価値の表現には違いありませんが、苦悩のなかにあってなお「いのち」にこだわる、そんな「覚悟」の取り方に、私は心惹かれるのです。

（二〇一五年三月）

# 「生きる意味」を見つけるということ

ときおり日常の生活に虚しさや無意味さを覚えて、生きがいのようなもの、心ときめく輝きのようなものが欲しい、と思うことがあります。しかし、総じて虚ろさしか感じないのは、やはり理由があってのことなのかもしれません。

こんな思いに触発されて、オーストリアの精神科医ヴィクトール・フランクルの『〈生きる意味〉を求めて』（上嶋・松岡訳、春秋社）と題する本を読んでみました。英知に富んだ本でした。

フランクルは自身の心理療法を「ロゴセラピー」と呼んでいます。その意味するところは、「意味による療法」、「精神的なものからの心理療法」というほどの意味のようです。「ロゴ」とはギリシャ語の「ロゴス」から出ていますが、「ロゴス」の本来の意味は「言葉」、一般的には「言葉」、「意味」、「理性」などを意味する言葉として使われています。

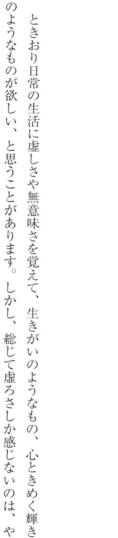

フランクルによれば、人生に「生きる意味」が見出せるかどうかは、ときにその人の生死を支配するほどに重要なことで、「意味」が見出せないことが原因して、人は「神経症」を引き起こすこともままあると言っています。「人生の意味について悩む」ことは、理性を持った「人間」であることの証明でもあるというわけです。

人は誰しも、今ある自分よりも「より高い自分」を求めようとする本能的な欲求を持つ存在だと私はかねがね考えてきましたが、フランクルは、それをさらに徹底して考えているようです。彼はこの本能を、「精神的無意識」という聞きなれない言葉で呼んでいます。「精神的」という言葉は「理性的」という言葉と同じ意味を持ちますから、心理学の常識から言えば、「精神的」であることと「無意識」とは対立することになります。しかし、フランクルはあえて「無意識的理性」という概念を考え出しているようです。人間には、「より高い精神性」を求めずにはいられない、「理性衝動」とでもいうようなものがある、ということなのでしょう。彼はその衝動を「意味への意志」と呼んでいます。そして「生きる意味」が見つけられたときに、人は初めて、「本当の意味で生きる」のだと、つまり、「実存する」のだと言っています。

ここで注意しておきたいことは、フランクルの言うこの「生きる意味」の発見ということが、普通言われてる「自己実現」とは必ずしも同じものではないということです。

フランクルによれば、「自己実現」とか「自己達成」と呼ばれる事柄の多くが、実は、自分本位の希望や願望を成就し、達成しただけのものにすぎないからだと言うのです。たとえどんなに優れた業績であり、成功であっても、それが愛他的な精神につながることなく、個人的な願望の実現成就にとどまっている限りにおいては、それを「生きる意味」の発見とも成就とも呼ばないということです。フランクルの言う「実存」する状態、つまり「生きる意味」を発見して生きる状態は、その営為が何らかの意味で「自分を超えたもの」、つまり、「個人的」な利得的欲求を「超えた」ものであるときに成立します。そのことを、彼はいかにも西洋人らしく、「実存は『自己超越性』に依存している」と表現し、続けて、こんなふうに言っています。「そして人がそのようになるのは、自分自身を自己の実現に関与させることではなく、むしろ逆に自分自身を忘れること、自分自身を与えること、自分自身を見つめないこと、自分自身の外側に心を集中させることによってなのである」と。

自分自身の欲心を超越して、より高次の何ものかに向けて、ある行為なり、心情なりが捧げられたとき、そこには初めて「生きる意味」が生まれ、「生きる意味」を伴う本当の意味での自己実現が成立するというのです。

では、この「生きる意味」を伴う自己実現は、具体的にはどのような現れ方をするものと考えればよいのでしょうか。

前項の、「死者との絆、死者への誠実――死別体験が促すもの」のなかで、フランクルの言う三つの「価値」(「創造価値」、「体験価値」、そして「態度価値」)について触れましたが、「生きる意味」と共にある自己実現は、最後の「態度価値」と密接に関係したものであるということができます。

人がさまざまな苦悩を経たのちに初めて気づき、体得する「心のあり方」、「心の態度」が「態度価値」というものですが、その態度価値は、実際には二つの現れ方をしているのではないでしょうか。一つは、日常のなかで一回一回選択し、決断する「行為」として現れるもの、もう一つは、体験のなかから学び、体得され、身につけられる心的態度、つまり「心のあり様」や「覚悟」としての現れです。

人は人生のあるとき、岐路に立ち、選択を求められることがあります。それは職業を選択するときであったり、結婚相手を選択するときであったり、家族や友人のために決断し、選択する場合だったりするでしょう。そのときもっぱら自身の安全、自分の損得利害を優先させるのか、それとも、利害得失を越えて意味あるもののために意志し、決断することが出来るのか、選択を迫られることがあります。損得勘定を乗り越え、利己的欲望を乗り越えて選択できたとき、人は、フランクルの言う「生きる意味」、「人生の価値」を決断したことになります。

行為としての現れにしろ、人生の苦難のすえに選び取られ、体得されていく「成熟」、あるいは「覚悟」としての「心の態度」であるにしろ、いずれも、苦悩なくしては決して見出すことの出来なかった人生の「価値」であり、「生きる意味」にほかなりません。その意味で、フランクルが、さまざまある人間の呼び名（「ホモ・サピエンス」（知性ある人）、「ホモ・ルーデンス」（遊びをする人）などなど）に加えて、彼独自の「ホモ・パティエンス」（忍苦する人）

を加えるときの、彼の自負もよく理解できます。「苦悩する人は、苦しむ術を知る人、自分の苦しみからさえも、人間的な偉業を創り上げる手立てを知っている人である」からです。

ここで、付け加えておかなくてはならない第二の点があります。それは、フランクルの言う「生きがい」や「生きる意味」が、自分の方から意図して見つけ出すものではないという点です。自分から意図して求める「生きがい」や「生きる意味」には、自ずと利己心や自我の欲望が伴いがちです。そうではなくて、「生きる意味」とは、苦境のなかで、あるいは人生の岐路に当たって、人生そのものがその人に向けて投げかけてくる「問いかけ」としてあるということです。その問いかけに対して、それを正しく理解し、受け止めることができたときに、それが「生きる意味」として現れてくるということです。人生が投げかけてくる一瞬一瞬の問いかけのなかには、実は、「生きる意味」が充満しているのですが、問いかけを受けたその人が、英知をもってその意味を察知し、その意味をすくい上げることができない限りは、「生きる意味」は永遠に閉ざされたままだということです。

フランクルの思想のなかには、東洋的な思考と共通したものがあるように思われます。「自分自身を忘れること」「自分自身を与えること」「自分自身を見つめないこと」「自分自身の外側に心を集中さること」といった姿勢のなかには、自我主体的な西洋とは異なる、東洋の自己犠牲的な響きや、さらには、遠く古代ギリシャの、プラトンの「イデア」の響きさえ聞こえてくるかもしれません。

彼の文章が西洋人特有の骨太い論理性と抽象性を持っているため、感覚的な文章を好む日本人には、親しみ易さに欠けるかもしれません。が、漱石の『虞美人草』に出て来る以下の文章と読み合わせるとき、両者の論旨の共通性に驚かされるとともに、洋の東西を問わず、真実は一つなのだということに気づかされます。

以下は、外交官試験に合格した熱血漢、宗近一が、右顧左眄《うこさべん》しながら損得勘定に走る文学博士志望の詩人小野清三に対して、憤然として翻意を促す巻末の文章です。やや長くなりますが、引用してみます。

僕が君より平気なのは、学問の為でも、勉強の為でも、何でもない。時々真面目になるからさ。なると云うより、なれるからと云った方が適当だろう。真面目になれる程、自信力の出る事はない。真面目になれる程、腰が据る事はない。真面目になれる程、精神の存在を自覚する事はない。天地の前に自分が儼存《げんぞん》していると云う観念は、真面目になって始めて得られる自覚だ。真面目とはね、君、真剣勝負の意味だよ。遣《や》っ付ける意味だよ。遣っ付けなくっちゃ居られない意味だよ。人間全体が活動する意味だよ。口が巧者に働いたり、手が小器用に働いたりするのは、いくら働いたって真面目じゃない。頭の中を遺憾なく世の中へ敲《たた》きつけて初めて真面目になった気持ちになる。安心する。実を云うと僕の妹も昨日真面目になった。僕は昨日も今日も真面目だ。君も此の際一度真面目になれ。人一人真面目になると当人が助かる許ぢゃない。世の中が助かる。――どうだね、小野さん、僕の云う事はわからないかね。

漱石は明治以降の日本の近代化の推移にとても懐疑的でした。それは西洋のサル真似をして日本人の魂を失うことであり、心の中にまで右顧左眄する物質主義的損得感情が侵入してくる過程でもあったからです。ここで言う、「真面目になる」というのは、右顧左眄するこざかしい利害感情などかなぐり捨てて、真実本来の自分の魂に立ち戻ること、「態度価値」を見定めることと同じです。「天地の前に自分が儼存する」とは、人生の問いかけに応答して、魂を選び、〈生きる意味〉を選び取って、「実存」することなのです。それが漱石の言う「人間全体が活動する」ということです。「真剣勝負」の構えで「遣っ付ける」対象とは、もはや疑う余地もありません。己自身の小さな欲望、利害損得のことでしょう。それを「超越」して、初めて、フランクルの言う「自分自身を忘れ」「自分自身を与え」「自分自身の外側に心を集中させる」ことができるのですから。

（二〇一五年九月）

## 耐え切れない罪の意識も自責の念も――時という名の癒し手

愛する人を亡くされた方々とお話ししていて、いつも感じるのは、それが突然の死であろうと、病魔との長い闘いの末の死であろうと、愛する人の死は、残された者に必ず何かしらの後ろめたさや罪の意識を残さずにはいないものだということです。

残されるのが妻であれば、夫の健康にもっと注意をしていたら、こんなことにはならなかったのではないかと思い、ひょっとすると、自分の作る食べ物に原因があったのではないか、そもそも私と結婚さえしていなかったらこんなことにはならなかったのではないかなど、後悔の思いはとどまることを知りません。

入院して、大きな手術を受けるような場合、一度その病院で手術を受けたら、最後まで同じ病院にとどまるのが通例の今の医療状況では、最初の病院選びが何よりも大事なことになるのですが、家族がそのことに気づくのは、大抵はすでに手遅れになってからです。病院を選んだのが自分である場合は言うまでもなく、連れ合いが何気なく口にした病院に、深く考えることもなく、安易に同意してしまった場合にも、自分の安易さ、無責任さを責め立てる自責の思いは尽きることを知りません。愛する人の死に関する限り、相手の病に自分が無力であるというそのこと自体が、すでに一つの罪なのだとさえ言えるほどです。

参加者たちのそんな苦しみの声を伺っていると、今から二六年前、同じ思いを抱きながら、藁をもすがる思いで訪れたある病院の医師の言葉を思い出さずにはいられません。そのときには理解できなかった、というよりは、あえて理解しようともしなかった医師の言葉が、長い時間を経過した今、真実を伝える言葉として、意味深く納得できるようになったからです。

二六年前、病院の選択については私もひどく自分を責め、日ごと病を重くしていく妻の様子をただ見ている自分に、言いようのない罪の意識を覚えていました。

妻は不調を訴えながらも病院に行くのをためらい、それからある日、病院の名前を挙げて、「あの病院でいいかしら」と訊いてきたのです。私は深く考えることもなく、「あれだけの構えの病院だもの、大丈夫でしょう」と言い、それから一瞬言い知れぬ不安を覚えたのを覚えています。

その不安は的中して、検査の結果は黒、それもかなり進行しているS字結腸癌らしいとのこと。妻はその日のうちに入院し、一週間後には手術をしました。

手術後、主治医は私を呼び出し、「手術は成功でした」と言い、こう続けたのです。「しかし残念ですが、腹膜に転移していました。」

病気というものにまるで無知だった当時の私に、その意味のわかろうはずもありません。「でも、直るのですね」と即座に問い返すと、主治医は「間もなく再発することになります」と言う。まるで靴の上から痒いところを掻くように、真意がよくつかめません。質問を重ねるうちに、どうやら妻が六か月後には亡くなると言っているらしいことがわかりました。「いいですか、わかりますね、腹膜に転移しているということは、どこに癌が播種しているのかわからないということで、手術のしようもなく……」。このときほど、医学と医師の力を恨めしく思ったことはありません。病気を治すのが医師の仕事ではないか、そのための医学ではないのかと。

今にして思えば、妻の死は、医師のせいでも、病院のせいでもなかったはずです。腹膜に転移してしまった以上、どの病院を選んでいても、早晩、結果は同じことになっていたに違いありません。

しかし当時の私にそんな判断力が許されるはずもありません。深く考えることもなく、気安く安易に同意してしまった無責任さが、重い罪の意識として、取り返しのつかない過として、私に重くのしかかることになりました。と言うのも、手術をしてからほどなく、手術中にもリアルタイムで転移状況を検証できる病院があったことに気づいたからです。

私の後悔の思いは、主治医の人となりによっても助長されていたのかもしれません。悪い人ではなかったのでしょう。しかし五〇年配のその主治医は、当時の医師にありがちな（今でもあまり変わっていないのかもしれません）、患者や患者の家族の心理的ケアにはおよそ無頓着で、自分の意向に染まなければ無遠慮に怒鳴りつけるという人でした。看護婦たちの教育も不十分で、直接患者だけに接するときの態度と、医師同席のもとに接するときの態度とが、まるで一八〇度違うのを、にがにがしい思いで観察することもしばしばでした。

妻は二か月半ほどでいったん退院、しばらく小康状態を保った後、七か月後には再び入院することになりました。再入院後は、まるで坂道を転げ落ちるように病状を悪化させ、間もなく腸の動きもままならぬ状態になりました。直る見込みのない病人には、回診の手間ひまも必要ないと言わんばかりに（患者の家族にはそう思えるものです）、主治医の足も遠のいていきました。

ベッドに横たわる痛々しい妻の姿をただ見ている以外に、もう私にできることはありません。時間だけが、刻一刻と過ぎていきます。この瞬間にも何か出来ることがあるのではないか、ただ黙って時間を見過ごしているだけでいいのだろうか、私は次第にいてもたってもいられなくなりました。噂に聞いた蓮見ワクチンを取り寄せる決意をしたのもこの頃ですが、これは不幸にして、たった一度使っただけで、主治医から厳しく禁止を命じられてしまいました。

そろそろ妻の死も覚悟しなくてはならないと思い始めた頃、私は改めて病室の中を見回してみました。妻が死を迎えるには、そこはあまりにもみすぼらしく、あまりにもみじめな場所に思えました。妻にはもっとふさわしい場所を見つけてあげたい、できれば、妻が望んでいる新しい治療法も見つけてあげたい。

この先生とお会いすることになったのは、こんな折のことでした。故郷の町にいる妹に事情を話したところ、彼女の勤め先の上司で、かつて東京の病院で大腸がんの手術をして元気になられた方がおられるというのを知り、その方を通してご紹介いただいたのが、この先生でした。

私は希望に胸をふくらませました。そうだ、妻を受け入れていただけるか訊ねてみよう、なにか有効な手立てがあるのかも聞いてみよう。私は一条の光を求めて出かけてみることにしました。

その先生は年の頃五〇代後半から六〇代前半ほどの方だったでしょうか、大柄できりっとした、感じの良い方でした。私は妻の病状を詳しく述べ、今では主治医にも見放されているらしい妻を、ただ傍らで黙って見ているのが何としても耐えられない、と訴えました。先生はただ黙って聞いていましたが、それから間もなく、こんなふうに話し始められたのです。「あなたは優しい人なのですね。さぞ、お辛いことでしょう、よくわかります。でも、身近な人の死というのは、考えてみると、哲学の一部でもあるのですね。皆さんは、医者なら誰でも直せると思われるかもしれません。でも、そうはいかないのですね。実は私には弟がいたのですが、ついい先日、その弟を癌で亡くしました。医者の家族なら直せないはずはないとお思いになるでしょう。でも、そうはいかないのです。あなたは今、奥様のことで大変苦しまれ、耐えられないほどの罪深さを感じていらっしゃいます。でも、これから五年がたち、一〇年がたってから、今のこのときのことを思い起こされることがあるでしょう。そのとき、あなたはきっと、ああ、あのときには、あれしかなかったんだ、ああする以外に方法はなかったんだと、きっと納得なさるに違いありません」と。

妻を受け入れていただくことはかないませんでした。死が哲学上の問題の一部であるということも、あのときには敢えて理解しようともしませんでした。しかし、時間を経た今、その先生の言葉が、実感としてとてもよく理解できるのです。

参加者の皆さんの苦しい声に接するたびに、私はこのときの先生の言葉を思い起こし、そのままお伝えすることにしているのです。愛する人を喪いかけたとき、人は誰しも涙ぐましいほど真剣になり、一生懸命になり、それ故にまた、ひどく愚かにもなるものです。しかしその愚かさは、一心不乱さ故の愚かさであり、それ故、美しいとさえ言える愚かさであったことに、いずれ気づくことになるのです。

（二〇一六年一月）

# 「幸せ」の在りかはどこに?——心して「待つ」ということ

私の故郷沼津には千本松原という海辺の松林があります。生家から歩いて七、八分、かつてそこは賑やかな海水浴場で、子供の頃はよく水着のまま家を出ては、泳ぎに行ったものです。そこには若山牧水（一八八五―一九二八）の歌碑があって、子供の頃、松林に行くたびにそれを眺めては、声に出して読み上げたものです。

幾山河《いくやまかわ》　越えさり行かば寂しさの
終《は》てなむ国ぞ　今日も旅ゆく

（いったい幾つ山を越え、河を超えたら、寂しさの尽きる国があるのだろうか。
そんな寂しさの尽きる国を求めて、今日もまた旅を続ける。）

この歌と合わせて、どちらがどちらだったか時折混乱しながら思い浮んでくるのが、ドイツの詩人カール・ブッセ（一八七二—一九一八）の次の詩でした。

山のあなたの空遠く
「幸《さいはひ》」住むと人のいふ。
噫《ああ》、われひと、尋《と》めゆきて、
涙さしぐみ、かへりきぬ。
山のあなたになほ遠く
「幸」住むと人のいふ。

（山の彼方のはるか遠くに、幸福の国があるという。多くの人たちと同じように、私もまたその幸福の国を尋ね求めたのだが、ついに見つけることができぬまま、涙ながらに帰ってきた。人の噂によれば、その幸福の国はさらに遠い山の彼方にあるのだという。）

この二つの詩歌が、混同されて思い浮かぶのも不思議はないのかもしれません。ブッセの詩は、一九〇五年（明治三八年）、上田敏による西洋詩歌の訳詩集『海潮音』に紹介されますが、牧水はこの詩をこよなく愛したようです。古人の作品などをエッセンスはそのまま生かし、表現だけを自分なりの言葉で作り直すことを換骨奪胎《かんこつだったい》するといいますが、その二年後の一九〇七年（明治四〇年）、ブッセの詩を換骨奪胎するようにして歌いだしたのが、牧水のこの『幾山河』だったからです。

実は、本日のお話のテーマを思案しているうちに、どこからともなく牧水の歌が思い浮かび、次いでブッセの詩が浮かんできました。長いこと忘れていたものが突然浮かんできたのは、これからお話しようとする内容が、牧水やブッセの心境とどこかで一脈通じていたためかもしれません。

これまで、二人の詩歌に特に関心があったわけではありません。愛唱するにはややロマンティックすぎるような気がしていたからです。「寂しさのなくなる」国を求める牧水、「幸住む」という国を求めるブッセ、一見、二人が求める対象は異なるように見えますが、実は二人は同じものを求めています。共通する土壌は寂しさと孤独。そして二人が求めるものは、その寂しさや孤独のなくなる幸せの国なのですが、どうやらそれだけではなさそうな気がするのです。寂しさや孤独さが単に和らぎ、安らぐというだけではなく、ひょっとすると、寂しさ、孤独さの片鱗すらもない絶対的な理想卿としての平安を求めているのではないか、そんなふうに思われて仕方ないのです。二人の実人生にも、たとえそれが一瞬のものではあったにせよ、安らぎと平安のひと時は数限りなくあったに違いありません。しかし、彼らは、その束の間の幸せでは満足できなかった。絶対的とも言えるほどに限りない幸せでなくてはならなかった。それはまさしく、「憧れ」という言葉で表現するのにふさわしい感情でした。

「憧れる」という言葉を国語辞典で引くと、一説として、「あくがる」の音変化したものだとあります。「あく」は「所」、「かる」は「離れる」の意で、意味としては「本来いるべき所を離れて浮かれ出る」こと、「(何かに誘われて)魂が肉体から離れる」ことと説明されています(『広辞苑』)。「憧れ」とは、魂が「現実」を遊離して、現実には存在していない、なにか遥かな、遠いものに恋い焦がれて、さ迷い出ることなのでしょう。そのように考えると、二人の詩歌の心境が一層よく理解できるように思います。どちらかと言えば現実指向型だった私に、二人の詩歌が縁遠いものに感じられたのも、不思議はなかったのかもしれません。

もちろん、私にも「憧れ」を生きた時期はあって、その思いは形を変え、姿を変えて、今に至るまで生き残ってはいるはずです。しかし、現実のなかで生活する意志的な状態とこの憧れの感情とは、両立するのがとても難しい関係にあるような気がするのです。社会に出て、家庭を持ち、意志的現実的な生活を続けているうちに、寂しさや孤独さの感情は次第に薄れ、それと合わせるようにして、憧れの感情も姿を消していきます。憧れの感情は、自足と安定とをひどく嫌うからに違いありません。

しかし、一度消えたその「憧れ」の感情が、人生には、ふらふらっともう一度蘇って来るような時節というものがあるのではないでしょうか。人生最大の喪失期とも言うべき「老い」と向い始める時節、それがそのときではないのかと思うのです。

宗教画のジャンルに聖母子像と呼ばれる一群の絵画があるのはご存知でしょう。幼子イエスを抱く聖母マリアをモチーフにした絵画群ですが、私は最近、この絵柄にとても関心を引かれるようになっています。いつの頃からか、車中や通りで見かける母子像にとても関心を引かれるにようになったからです。時折、なぜこれほどまでに魅了されるのか、その理由は何なのだろうか、と考えてしまうことがあります。

汚れた大人の目からすれば、あどけないお子さんたちそのものが愛らしく見えるのは当然なのですが、どうもそれだけではなさそうなのです。なぜなら、この光景には、若いお母さんがいて、そのお母さんの愛情のなかで安心し切っているお子さんがいて、初めて一幅の美しい絵となり、その光景に懐かしさと、切ないほどの憧れの感情を覚えるからです。

そんなとき、私はふと自分をその小さなお子さんの立場に置き、かつて自分が味わっていたに相違ない、しかしそのときには気づきもしていなかった、遠い日の幸福感を想像しているのです。そんなとき、私は、愛する人を亡くしたばかりの人のように、あるいは重い病に初めて気づいた人のように、かつてあって今はない、しかも、あったときには気づきさえしていなかった幸せに、必死に憧れているのかもしれません。それだけではなく、ひょっとすると、それ以上のことを願い、それ以上のことに憧れているのかもしれないと気づいたのは、レオナルド・ダ・ヴィンチ（一四五二―一五一九）の晩年の聖母子像の一つ『聖アンナと聖母子』（作一五〇八年頃?）を見直し、その解説に接したときのことでした（テレビ東京、『美の巨人たち―

—レオナルド・ダ・ヴィンチ』)。

ダ・ヴィンチには、生涯手放すことなく大切にした作品が三点あったと言われています。有名な『モナ・リザ』と『洗礼者ヨハネ』、そしてもう一つがこの『聖アンナと聖母子』でした。

聖アンナというのは聖母マリアの母親のことですが、この作品の特徴は、通常の母と子という聖母子のほかに、さらにマリアの母アンナが描き添えられているところにあります。二人の母親は、ぼんやりと描き出される荒涼とした山岳を背景に、とても不自然な配置で描かれています。マリアは母アンナのひざの上に、今にもずり落ちそうな格好で深く腰かけ、子羊と戯れる幼子イエスを抱きかかえようとするかのように、やさしく手を差し伸べています。

解説によれば、母アンナの絵と、聖母マリアとイエスの母子像は、もともとは別々のもので、二人の母は後から意図的に合成されたものだということですが、二人の配置のあまりの不自然さからも、それは一目瞭然とも思えます。私が関心を引かれのは、ダ・ヴィンチはなぜ、単なる母子像では飽き足らずに、二人の母を重ねるに至ったかということでした。

聖母子像というのは、カトリックのマリア崇拝に基づくものです。旧約聖書の荒ぶる男神の流れを基本的に引き継ぐキリスト教は、イエスの愛の思想を革命的に取り入れた後も、厳しい父性の原理を色濃く残すものでした。マリア崇拝は、その厳しい父性の原理を補償すべく、そこに優しい母性の原理を取り込もうとする試みだったと言われていますが、人々は、こうして成立した聖母子像を通して、キリスト教のなかに母の優しさを想像し、母性による救いを望み見ていたのでしょう。

精神分析学者フロイトは、この絵のなかにレオナルドの幼児体験を読みとっています。レオナルドの父はヴィンチ村の裕福な公証人でしたが、実母となる人は貧しい小作農の娘で、この身分の違いから二人の結婚はかなわず、父親は間もなく別の若い女性と結婚することになります。レオナルドは五年の間、実母とともに生活した後、父親のもとに引き取られるのですが、聖アンナと聖母マリアという二人の女性は、レオナルドの実の母と育ての母への思慕を反映したものだというのです。

母の愛を求める普遍的な人間の願望を考えれば、フロイトの謎解きには十分な説得力があります。二人の母を重ねることで、レオナルドは優しい母性への憧れを、人間の普遍的な憧れとして強調したかったのに相違ありません。しかし、それだけではなかったのではないか、というのが私の憶測になります。

背景にぼんやりと連なる荒涼とした山岳は、おそらくは死のシンボルでしょう。となれば、二人の母を重ねることで強調されることになる愛と優しさは、単に母性を強調したものというよりは、レオナルドをほどなく待ち受ける死を前にしての、救済としての、祈りの対象としての母性、もっと言えば、レオナルドの遥かな遠い記憶のなかに眠る原初的な平安への郷愁、母胎回帰への祈りと郷愁とも重なり合うものではなかったのかと。

とすると、母と子の光景にこれほどまでに魅了される私自身も、あるいは、次第に身近になる死への予感の前で、何かしら絶対的な平安と優しさへの憧れがあるからではないのだろうかと。牧水が求め、ブッセが求めていた平安も、幸せも、あるいは、これと同じ種類のものではなかったのだろうかと。そう思った瞬間、この幸せは、しばらく見合わせる以外にはなさそうだと悟ったのです。なぜなら、この幸せは死をもって実現される以外にはなさそうだと思えたからです。

私はいったい何に憧れているのか、私の幸せとは何なのか。それを問い詰めていくと、たちまちにして正体不明となるのが、憧れであり、幸せというものではないでしょうか。自分の憧れの何たるかを、求める幸せの何たるかを、漠然とながら自分ではわかっているような気がしていますが、実はわかってはいません。憧れも、幸せも、実は実態はなく、あるのはただ、憧れているという状態、幸せになりたいという渇望があるだけなのではないのでしょうか。実態のある幸せがあるとしたら、それは、幸せの方が進んで訪ねて来てくれた場合に限られていて、たまたま訪れて来てくれた幸せこそが、実は求めていた幸せであり、憧れの実現であったことに、後々気づくことになるのかもしれません。

とは言え、生きている限りは、幸せは欲しいと思います。かりそめの幸せならいざ知らず、永続する幸せがそう簡単に求めて求められるものとは思いませんが、ならばせめて、それを探し出す指針ぐらいはないものかと思います。

幸せが、「生きる意味」とともにある「幸せ」ということなら、その求め方は、すでにオーストリアの精神科医ヴィクトール・フランクルが教えていました（本書99頁「『生きる意味』を見つけるということ」）。フランクルによれば、それは、意図して求められるものではなく、人生そのものが、そのときそのときの場面のなかで差し出してくる「問いかけ」のなかにあるもので、己の欲望を捨て、己の自己本位を捨てて、決意と勇断をもってそれを選び取るときに、生じてくるというものでした。

それに付け加えるものがあるとするなら、私はこんなことを付け加えてみたいと思います。正体不明の幸せは、確かに求めようとして求められるものではありません。しかし、いつ訪れてくるとも知れないその幸せを、心の準備を整えて「待ち受ける」ということだけは出来そうです。幸せが訪れるには、訪れやすい心の状態というものがあるはずです。人の愛と優しさが欲しければ、それを受けるに相応しい心の状態がこちらになくてはならないでしょう。人との絆が欲しければ、絆を受け入れるに相応しい心の状態が必要です。

「幸せになるための心の状態を準備しておくこと」、それが確かな幸せを導く方法であり、あるいは、そのこと自体が、幸せそのものなのかもしれません。

（二〇一六年三月）

# 「あなた、今に首の骨を折るわよ」——美と憧れ《エロス》と魂と

アメリカの小説家にアーウィン・ショー（一九一三―八四）という作家がいます。『若き獅子たち』（一九四八年）は有名で、映画化もされていますから、ご存知の方もいらっしゃるかもしれません。短編小説の名手でもあって、学生の頃、彼の『夏服を着た娘たち』という短編を読んで、ひどく感心したのを覚えています。若い男女の心の機微を心憎いほどに描き出したもので、こんなお話でした。

結婚してまだ間もないマイケルとフランシスの二人が、久しぶりにニューヨークに出てきます。二人は前夜、グレニッジ・ビレッジ近くに宿をとり、翌日曜日の朝、ホテルを出ると、五番街に沿って散策を始めます。美味しい朝食はたっぷりとったし、あとはゆっくり楽しむだけ。

「今日は、お友達に会うのはやめて、二人だけで過ごしましょうね」とフランシスは嬉しそう

です。

ところが、八丁目あたりまで来たところで、フランシスがたまりかねたようにマイケルに言うのです。「ねえ、あなた、今に首の骨を折るわよ」。きれいな女の子が通り過ぎる度に、マイケルが熱い視線を向けてはきょろきょろするからです。「あなたって、いつもそう。レストランに入っても、地下鉄に乗っても、劇場に入ったときでも……」と、彼女は大いに不満です。マイケルも初めのうちこそ、たいして意にも介しません。「そりゃ、僕はなんだって見るさ。神様が目をくれたんだもの。見るのは女の子ばかりじゃないよ、男だって見るし、地下鉄の掘削工事だって、可憐な野の花だってね。僕はそれとなく森羅万象を観察しているんだ」と。しかしフランシスは納得しません。「どんな目をしてるか、ご自分の目を見るといいんだわ、森羅万象を観察しているときのあなたの目をね」

急に足早で歩き出したフランシスを追いかけるようにしながら、マイケルは忍耐強く説得します。「いいかい、僕はとても幸せな結婚をしているんだよ。ニューヨーク州中の男という男が羨むほどの結婚をね。だから、せっかくの日曜日を台無しにするのはやめにしようよ」。しかしフランシスの気持ちにおさまる様子もありません。

散歩も早々に切り上げて、近くのバーに入ってからも、フランシスの切ない訴えは続きます。「道ですれ違うたびに、女の人を見るときのあなたの目、それを見てると、私、胃の中がおかしくなってくるの。だって、あれは、初めてあなたと出逢ったとき、あなたが私を見つめたときの目とそっくりなんだもの」

ついにマイケルも、自分の気持ちを正直に、そして、正確に言い表そうと努め始めます。

「確かに僕は女の子たちを見るよ。それは確かだ。でもそれは、良いこととか悪いこととかとは、別次元のことなんだ。僕は無意識のうちに見てしまう。もし僕が女の子とすれちがって、見なかったら、それは僕が君をだましているか、でなければ、僕が僕自身をだましていることなんだ」

「でも、あなたはとても欲しそうにして見るわ。どの女の人にも」

「そうかもしれない、ある意味ではね」独り言のように、考え込むようにして、マイケルは言います。「でも、だからといって、何をしようってつもりもないんだ」。ため息をつき、閉じたまぶたを指先で軽くこすりながら、マイケルは続けます。

「僕は、女性たちの姿形が好きなんだ。オハイオからはじめてニューヨークに出て来たとき、何より気に入ったのは、無数の女性たちが大挙してうごめいていることだった。胸が詰まりそうだった。ユダヤ系もいれば、イタリア系もいる。アイルランド人も、ポーランド人も、中国人も、ドイツ人も、黒人も……。これは僕だけに特別なことなのか、それとも、すべての男に共通したことなのかは知らない。僕はまるでピクニックにでも来たような感じだった。バッチリと化粧をして、おしゃれをして、夏ともなれば夏服を着て――僕は見ないではいられない。自分のものにしたいと思わずにはいられない」

「やっぱりそうだったのね。欲しいと思わずにはいられないのね――それでも私のことを愛していると言えるの？」

「愛しているよ。でも、彼女たちも欲しい」

「私だってきれいよ。誰にも負けないくらい」

「きみは、きれいだよ」マイケルは本心からそう言います。

「私は、いい奥さんよ」哀願するように、フランシスは続けます。「家のやりくりもきちんとするし、あなたのいい友達でもあるし、あなたのためなら何でもする」

「わかっている」フランシスの手を握り締めながらマイケルは言います。

「でも、自由になりたいのね……」

「しーッ」

「本当のことを言って」

マイケルはグラスの端を指ではじくと、静かに言います。「わかったよ。そうだな、ときには、自由になりたいと思うこともある」

彼女はハンカチを口に当てて静かに泣き出し、それからしばらくして泣きやむと、二、三度ハンカチのなかで鼻をかみ、何事もなかったように、しっかりとした顔を彼に向けて言います。

「一つだけ、お願いを聞いて」

「いいとも」

「これからは、二度と私には言わないで」、彼の声音を真似ながら「あの女の子、きれいだねとか、この女の子、目がいいねとか、胸が大きいねとか、スタイルが抜群だねとか、声が素敵だねとか。あなたの胸の中にだけしまっておいて。私には、関心がないんだから」

「そうする」とマイケルは言い、それから手を上げてウェイターを呼びます。

フランシスはテーブル越しにやや冷ややかな目をマイケルに向け、それから、「ニューヨークにいるお友達に電話してほしいんでしょ?」と言い、電話口のほうに歩き出します。その後姿を眺めながら、思わず「なんてきれいな脚をしてるんだろう」とマイケルが呟き、物語は終わります。

『夏服を着た娘たち』が初めて『ニューヨーカー』誌に発表されたのは一九三九年二月、作者満二六歳のときでした。みずみずしい、柔軟な感覚が満ち満ちているのも道理だと思われます。

やや丁寧すぎる要約をしたのも、実は、この作品には妻との忘れ難い思い出があって、出来れば物語全体の雰囲気をつかんでおいていただけたらと思ったからです。

一二月二四日が私の誕生日であり、そして私たちの結婚記念日でもありますから、それは恐らく、その年のお正月のことだったと思います。式のお知らせとご挨拶を兼ねて、私は初めて妻の実家を訪問することになりました。

お正月の町並みは晴れ着姿の女性たちであふれ、驚いたことには、駅に出迎えに出ていてくれた彼女までが着物姿をしていました。着物姿の彼女を見たのはこれが最初で、恐らくは、最後だったのではないでしょうか。その後、彼女の着物姿を見た記憶がないからです。

お宅は比較的町中にあり、お宅に着くまでしばらくの間、にぎやかな町並を歩くことになりました。どこを見ても、着飾った女性たちばかりです。しばらくはその流れをぼんやりと眺めては楽しんでいたのですが、はっと我に返ったのです。すぐ傍らには未来の妻となる人がいる、それなのになんとしたことか、自分の目はきょろきょろとほかの女性たちを追いかけている。突然、読んだばかりの『夏服を着た娘たち』が頭に浮かび、「あなた、今に首の骨を折るわよ」という立つフランシスの声が、どこからともなく聞こえてきたような気がしました。

狼狽した私は、平静を装うには先手を打つにしくはなしと即座に考え、「今に首の骨を折るわよ」の部分を面白おかしく強調しながら、物語の大筋を彼女に話して聞かせました。笑いながら彼女は聞いていましたが、聞き終えると、彼女からは意外な言葉が返ってきたのです。

「いいじゃない、美の追求だもの。美は追及すべきよ」

後ろめたさだけに気を取られていた私は、「美の追求」という彼女の言葉に、意表を突かれたような新鮮さを覚え、驚きさえ感じたのです。

その言葉は、私の狼狽を察した彼女が、私を安心させるために思いついた、慰めの言葉にすぎなかったのかもしれません。その後、この折のことを話題にすることもなく、ついに確かめる機会もなかったのですが、あれから五〇年、半世紀に及ぶ時間のなかで、幾度となく自分をマイケルに重ねては、苦笑したことだけは確かです。

しかし最近、あのときのことを懐かしく思い出すにつけ、妻の言葉が、彼女自身の思いと言葉をはるかに超えて、事の真実を言い当てていたのではなかったか、と思うようになったのです。その真実というのは、ほかでもなく、マイケルの心の潔白さについてであり、人の心の奥深くにあって、人間の意志をはるかに超えて存在する、「恋うる心」、「憧れる心」というものの正体についてではなかったかと思うのです。

私たちの心の奥には、自分にはない何ものかを常に「求め」、「憧れ」、「恋する」ことをしないではいられない、ある魔物が、本能的な欲求が、潜んでいるのではないでしょうか。

「憧れる」という言葉は、「あくがる」の転じたものらしいことは前回にもお話しました。「あくがる」の「あく」は「所」、「かる」は「離れて、遠く去ること」で、「憧れる」とは、「何ものかに誘われて、魂が肉体から離れる」ことでした（『広辞苑』）。「憧れる心」、「恋うる心」をこのようなものとして理解するとき、それらはまさに、古代ギリシャで「エロス」と呼んでいたものとほぼ同一のものであることに気づきます。

「エロス」を広辞苑で見ると、第一の説明として、ギリシャ神話の愛の神、アフロディテの息子、ローマ神話のキューピッドに当たる、があり、合わせて、「あらゆるものを結合する力を擬人化したもの」とあります。エロスが、あらゆるものを生み出す母神アフロディテに守られた強力な愛の力、結び付ける力を擬人化したものであることが分かります。事実、古代ギリシャでは、あらゆるものを結びつけるこのエロスは、どの神よりも強力で、どの神よりも古い神と考えられていました。

エロスの働きを説いて有名なのは、ギリシャの哲学者プラトン（紀元前四二七年―前三四七年）による『饗宴』（岩波文庫）という書物です。ソクラテスを含めた七人の登場人物たちが、エロス賛美のための饗宴（シンポジアム）を一夜催し、そこでエロスの優れた側面をさまざまに論じ合うという趣向ですが、なかでも有名な部分が、喜劇作家アリストパネスの語る原初の人間についての逸話です。「伴侶」を意味する「ベター・ハーフ」という言葉の発生源になったのも、この逸話からでした。

この逸話によると、遠い昔、世界には三種類の人間がいたのだそうです。一つは、女と女が一体となって出来上がっている人間、二つ目は、男と女が一体となって出来上がっている人間、三つ目は、男と男が一体となって出来上がっている人間でした。それぞれの人間たちは頭の後部を互いに付け合い、顔はそれぞれ反対側を向き、手は四本、足も四本、全体としては球体をなしていて、動くときには、猛烈な速度で転がりながら移動していました。

しかしこの人間たちは次第に傲慢になったのです。ついに神ゼウスの怒りを買うことになり、ゼウスはこれら三種類の人間たちを、それぞれ真二つに切り裂いてしまいました。女と女の対は女と女に切り分けられ、男と女の対は男と女に、男と男の対は男と男に切り分けられた末、生々しい切り傷の部分はそれぞれの皮膚を手繰り寄せ、引っ張り寄せて、腹の部分で結び合わせたのだそうです。我々の臍が、その結び目の跡だったというわけです。

さて、こうして切り離された男や女たちは、一定の年齢になると、かつて対をなしていた自分の失われた半分を、切なく恋い慕い、探し求めるようになりました。女と女の対をなしていた女は女を、男と男の対をなしていた男は男を、男女が対をなしていた男や女はそれぞれ対をなしていた相手の異性を。こうして人間には、自分の半身を切なく恋い慕うエロスというものが生まれることになりました。

もちろん、これはあくまでも神話的な逸話であり、しかも、アリストパネス（紀元前四四五年頃―前三八五年頃）自身が考え出したものではなく、その半世紀も前に生存していたエンペドクレス（紀元前四九〇年頃―前四三〇年頃）の説であったとも言われていますから、恐らく古くから流布していた考え方であったのでしょう。今なお十分に説得力のある優れた心理学的、哲学的説明であったと言えるのではないでしょうか。

しかし、プラトンのエロス論でもっと重要な部分は、エロスについて、広辞苑が第二の説明として掲げている以下の部分です。エロスとは、「愛。普通には恋愛・性愛の意味であるが、プラトンは肉欲から始まり、愛の上昇の種々の段階を説き、最高の純粋な愛は美のイデアに対するあこがれであるとし、エロスは真善美に到達しようとする哲学的衝動を意味すると説く」とする部分です。

プラトンは、霊魂不滅と輪廻転生を信じていました。そこで、一人ひとりの人間の心の奥深くには、すでに天上でイデアである完全無欠の愛を体験している魂が輪廻転生して潜在しているものと考えていたのです。「憧れ」の感情とは、その潜在する魂が過去生ですでに知り得ていた天上の記憶を、ときおり「想起」しては、そのイデアの愛に恋い憧れる、魂の疼きであると考えていたのです。これがプラトンの「想起説」と呼ばれるものです。

『饗宴』の最後の論者ソクラテスは、アンティネイアの婦人ディオティマから聞いたという言葉を引きながら、エロス、つまり愛について、こう述べます。エロスとは、人間をそのイデアの世界へと道案内する、ダイモン（神霊）のごときものなのだと。

ところで愛にも、金銭欲や名誉欲、醜い愛欲といった次元の低い愛の姿から、聖母マリアや観音のそれのような至高の愛に至るまで、その姿は実に種々様々です。そのいずれの愛の姿も、愛・エロスのなすわざにほかならないのですが、そうであれば、何らかの理由で地上に降り立つことになった私たちの魂は、常に上昇を求めずにはいられないエロス本来の性質に基づいて、おのれ自身の浄化を幾度となく繰り返しながら、イデアの世界に近づく努力をしなくてはなりません。なぜなら、エロスとは、イデア、別の言い方をすれば、限りなく高い成熟を求める、魂の本能的な衝動であるとも言えるからです。こうして、エロス自体の自己修行が始まり、年齢とともに、求める愛の対象も、次第に洗練され、純化されます。単なる若さや肉体の美への愛から、より広い人間への関心、より普遍的な造形美、さらには、肉体からも若さからも離脱して、より深い内面の美への愛へと向かうことになります。

『夏服を着た娘たち』を書いた作者ショーも、理屈はともかく、直感的に、このエロスの作用について気づいていたのではないでしょうか。美しさに憧れるのは、天上の美に近づこうとする、人間の魂のうづきであるということに。だからこそ、マイケルは、「見ること」「欲しがること」を「良いこととか悪いこととかいうこととは、別の次元のこと」として自信をもって主張することができ、またそれ故にこそ、作者は自信をもってフランシスの思いを、あれほどまでに切なく哀しく描き出すことも出来たのでしょう。男女がともに、魂の深い営みを理解し合い、成長し合うことを提言するために。

最近の私もひょっとすると、このより広く、普遍的な造形の美や、内面の美しさに赴き始めたのかもしれません。それかどうか、最近、道行く人の歩く姿に、えも言われぬ懐かしさや愛着を覚えるようになったからです。先日も、駅前の人込みの中を歩くうちに、ふと意識が浮上するような錯覚を覚えて、目を半眼に閉じ、二足歩行する人間たちの姿を、遠くの方からぼんやりと眺めていました。軽やかに歩く人、力強く歩く人、悠然と、考え深げに歩く人、歩く姿はさまざまながら、人間たちのなんと魅力的で、懐かしいこと。私は生きていることの幸せを感じたのでした。

# 私は誰？——もう一人の自分と出会うために

先日、『君の名は。』というアニメ映画を見ました。日本以外の国々でも大変な人気だと聞き、その人気の秘密はどこにあるのだろう、そんな関心もあって見てみたのですが、私の推測が正しければ、ここでお話ししたいと考えている内容と深いかかわりがあるのではないかと思いました。まずは、アニメのご紹介から始めてみたいと思います。

物語は、一見荒唐無稽とも見える男女の性の入れ替えをモチーフにしています。東京に住む高校二年の男子生徒　立花瀧（たちばな　たき）は、ある朝、目を覚ますと、女の子になっているのに気づいたのです。女の子は、遠い飛騨の山中に住む同じく高校二年の女子生徒、宮水三葉（みやみず　みつは）で、これまで見たことも会ったこともない女の子でした。

なぜこんなことになったのか、三葉の解説するところによると、どうやら、彼女が都会に強く憧れていたこと、そして都会に住むハンサムな男の子と友達になりたいと強く念じたことから始まっていたようです。

しかし翌朝には、また元の体に戻っていました。はじめは夢を見ているのだと考えますが、その後も同じことが幾度も繰り返されるうちに、どうやら夢ではなく、現実なのだと気づき始めます。二人は次第に、性の異なるもう一人の自分の生活を楽しむようになり、混乱を避けるために、入れ替わった日の出来事を記録に残して、互いに連絡し合うようにまでなりました。ところが、ある日を境にして、入れ替えがぱったりと途絶えてしまいます。瀧は、三葉の携帯に何度も電話をしてみるのですが、一向につながる様子もありません。

行方の知れなくなった三葉を、瀧が探し始めるあたりから、物語は徐々に山場を迎えていきます。瀧は、記憶を頼りに、思い出される限りの風景を絵にしたのち、その絵を持って飛騨にとびます。絵をもとに場所の特定をしようというわけです。ところが、誰に聞いてもその所在がわかりません。しかしついに、ある食堂で、それが飛騨の糸守町という町の風景であることがわかり、と同時に、思いもかけぬ事実を知らされることにもなります。なんと、その町は、すでに三年も前に、巨大な隕石の落下で壊滅し、その死者は五〇〇人にも及んでいたのです。犠牲者の名前のなかには、はっきりと三葉の名前も刻まれていました。瀧は、三年も前に死んでいた三葉という女の子と交流をしていたことになるのです。

そう言えば、この物語には、最初から、生と死、現在と過去、意識と無意識といった、異次元の二つの世界が同時に共存してもおかしくない仕掛けが、いくつか用意されていました。一つは、三葉の家系です。宮水家は代々が神主の家柄で、一家が祭る宮水神社は、この世とあの世との境に位置しているとされていました。また三葉は、アルバイトながら、この神社の巫女を務め、毎年、「口噛み酒」という酒を神社に奉納していました。口噛み酒というのは、生米を口で噛み砕き、唾液と混ぜて自然発酵させて造る酒のことで、清純な乙女だけに許される仕事だったのでしょう。

しかし、なかでも重要な仕掛けは、「片割れ時」という時間の設定と、その呼び名が暗示している内容です。「片割れ時」というのは、万葉集の歌でも知られる「誰そ彼」に由来する「黄昏時」のことですが、旧年と新年、昼と夜、光と闇などが交錯する時間帯や、内と外との境目などは、昔から神秘な時間や空間と見なされていました。時空を異にする二人が生身の身で出会うことになるのもこの「片割れ時」でした。しかし、さらに重要なことは、「片割れ時」の「片割れ」が、自分自身の「片割れ」、自分自身の「半身」をも暗示していることでしょう。これについては後ほど触れてみたいと思います。

こうして、いかにもアニメらしい瀧の一大計画が始まります。時間をもう一度三年前に戻して、過去の大惨事から、三葉や町民たちを救い出そうという一大計画です。しかしこの部分は、どちらかと言えばアニメをアニメらしく仕立て上げる装置の部分で、本日のテーマとは特に関係はありません。結局、この救出作戦も成功することなく終わるのですが、本日のテーマと関わって来るのは、むしろ、それから後の部分です。

作品の最後は、それから五年後。もし仮にこの世界に前世というものがあるとして、生きている私たちにはその記憶がまったくないのと同じように、日常に戻った瀧には、糸守町の記憶も、三葉の記憶もまったくありません。ただ、街のなかで、あるいは電車のなかで、無数の女性たちと行きかう度に、遥かな遠い記憶のようなものが揺り動かされ、恐らくは懐かしささえ覚えているらしい瀧の姿が映し出されていることです。すでに大学を卒業し、就活に励んでいる彼ですが、ある日、駅のホームの反対側に、一人の女性を認めます。二人の目が合い、二人は突然互いの記憶につき動かされたかのように駆け出すと、相手の姿を探し始めます。どうやら二人は出逢ったのでしょうか。作品は、二人が互いに「君の名は？」と問いかけ合うところで終わっています。

さて、ここまでの話の筋を聞いても、どこにそれほどの人気の秘密があるのか、判然としないかもしれません。しかし、こんなふうに考えてみたら、いくらかは納得できるかもしれません。老若男女の区別なく、私たちはいつも、こんなふうに考えて生きているのではないでしょうか。「いつの日か、自分の前には、必ずや理想とする異性が現れてくる。世界のどこかには、必ずそんな異性がいるはずだ」と。性の入れ替えという筋立てには、どこかそんな幻想を掻き立てるものがあるのではないでしょうか。

ここで、前回にもご紹介した、プラトンの『饗宴』に出てくるあの原初の人間の話を思い出してみるのはいかがでしょうか。もともと人間には、三種類の人間がいたという、あの話です。三種類のうちの一つは、女と女とが一体となっていた人間、もう一つは、男と男とが一体となっていた人間、最後の一つは、女と男とが一体となっていたという話です。あるとき、ゼウス神は人間たちの傲慢さに腹を立てて、人間たちをそれぞれ真二つに割ってしまいました。それ以降、人間たちは、一定の年齢になると、かつて一体をなしていた自分の片割れを、切なく恋い慕わずにはいられなくなったというのです。人間には、自分に欠けているものを強く求める「恋する心」、「憧れる心」というものがありますが、プラトンの話は、人間の本能としてあるこのエロス願望を見事に説明してくれる物語でした。

それだけではありません。もう一つ、この物語は、さらに重要な事実を教えていたのではないでしょうか。男女の性に関する限り、人間は、もともとは男でもあり、女でもあったという事実です。それなのに、いつの間にか、どちらか一方の性だけを生きることになっていました。これは、人間の成長過程を振り返って見ても、肯けることです。幼児期の私たちは、男でも、女でもなかったはずです。それが、大人になるにつれて、男の子はますます男の子らしく、女の子はますます女の子らしくなることを求められてきました。この意味では、私たちは二重の意味で「片割れ者」になったと言うことも出来そうです。

性（ジェンダー）を固定化していく過程で、当然、大切なものも失われることになりました。男の子であれば、力強さ、論理性、合理性、理性的な態度など、いわゆる男らしさを好んで育んできた一方で、優しさや他者への思いやりといった女性に優位的な資質については、これを女々しいものとして、疎んじることになりました。女の子の場合も同じです。女の子らしさを求めるあまりに、冷ややかとも見える合理性や論理性や理性的態度は、男らしさを彷彿させるものとして、避けられるようになりました。その意味で、私たちは楽園の調和を失ったわけです。

こうした事実を受けて、スイスの心理学者ユングは、「内なる異性」という概念を打ち立てました。ユングによれば、男性は、男性になる過程で、女性らしさを少しずつ消してきましたが、女性らしさのすべてを消し去ったわけではありません。ユングによれば、それはただ、女性らしさを意識の表面から限りなく遠ざけて、無意識という心の奥底に追いやっただけなのだというのです。女性の場合も同じことで、女性となる過程のなかで、男らしさの特質を意識の表面から出来る限り追い払い、心の深部に「内なる異性」として閉じ込めることになりました。封じ込まれた「内なる異性」は強烈な内なるマグマとなって、心の奥底に潜むことになりました。ユングは、男性の心の奥底に追いやられた女性らしさを「アニマ」と呼び、女性の心の奥深くに追いやられた男性らしさを「アニムス」と呼びました。

ところで、私たちの精神が健康であるためには、男性的な精神機能と女性的な精神機能とが、程よく調和していることが望ましいのです。つまり、自分の性とは反対の性の機能を、「内なる異性」として心の奥に封じ込めてしまうのではなく、日常の意識のなかでも、自由に羽ばたけるまでに、解放しておくことが大切なのですが、長い生活習慣から、いつの間にか、自分の全体を生きることを忘れて、その一面だけを生きるようになっていました。

どちらか一方の機能だけを過度に生き続けていると、当然のことながら、精神活動にある種の障害が起こってきます。次第に生活に張りや潤いがなくなり、深い抑うつ感を覚えるようになります。男の意識機能だけをフルに生きて、名誉欲や出世欲だけに専念してきた男性は、ある日、自分が干からびているのを感じ、人生に無意味感を覚え、方向感を失い、酒や夜遊びにふけるようになるかもしれません。良き妻、よき母親だけを生き続けて、自分を生きてこなかった女性も、次第に抑うつ感を募らせた末に、ある日、途方もなく奔放な冒険を始めるかもしれません。いずれの場合も、抑うつと方向感喪失のなかで規律を逸脱していくのですが、この逸脱は、裏返せば、これまでの偏った生き方に代わる本当の生き方、そのための生きる力を模索し始めた証拠とも言えるのです。

死別体験後に訪れる抑うつ状態についても同じことが言えるかもしれません。抑うつ的になったり、無気力に落ち込んだりする状態は、実は、とても大切な時間なのです。なぜなら、退行する状態とは、外側から見る限りは、単なる無気力であり、抑うつ状態にしか見えませんが、実は、抑うつの時間のさなかにおいても、心の奥底では、伴侶の死を受け入れて新しい自分を準備するための、生きる力の模索が行われているのです。苦しい時間ではありますが、抑うつの時間とは、その意味ではまた、創造的な時間でもあるのです。

暗中模索する退行状態のなかで、癒しの力として浮き上がってくるのが、「内なる異性」という力です。女性的要素であるアニマは、過度に合理的機能だけを生きてきた男性たちに、ふと、女性への郷愁を呼び覚まし、思いやりや優しさといった情感的な要素の大切さに気づかせてくれます。また、過度に女性らしさだけを生きてきた女性は、浮き上がってくる男性的なイメージの力を借りながら、自立する意志の力や理性的態度の必要性に気づいていきます。

「内なる異性」は、傷ついた自我に優しく寄り添い、病んだ心を癒しの力の根源へと導いてくれる聖霊のようなものだったのです。

西洋の文学、特にドイツの文学には、青年たちがさまざまな体験を通して精神的な成長を遂げていく、「教養小説」と呼ばれる成長物語が沢山あります。彼らを精神的に育て上げていくさまざまな体験のなかでも、最も強力で重要な体験が恋愛という体験でした。愛するという行為だけが、人間をして最も深く己の魂に触れさせてくれる稀有な経験であるからです。彼らもまた、「内なる異性」に導かれながら、愛の喜びと苦悩を通して、自分に欠けているものを求め、失われたものを補い、より全体的な自分自身を探し求めていたのです。

アニメ「君の名は。」の人気の秘密は、私たちの心の奥底に潜んで働いている、以上のような無意識の恋愛衝動をどこかで刺激することによって、生み出されていたのではないでしょうか。

私たちの「支える会」の場でも、同じ衝動が息づくのを見かけることがあります。参加者たちが死別の悲しみを切々と語るなかで、無意識のうちに魂の愛について語り、見失われていた自分自身のより完全な愛の形を追憶しようとしているときです。

本当の自分自身を見つけるのに、恋愛がなくてはならないと言っているのではありません。亡くなった伴侶を追憶する日々のなかで、伴侶という現実の身近な「異性」を通して、もう一度自らの「内なる異性」を掘り起こし、思い起こしながら、できれば、その「内なる異性」を自分なりに美しく育成してみるのはどうだろうかということです。「内なる異性」の成長は、自分自身の精神の成長でもあるからです。

アニメの最後で互いに問いかけ合う「きみの名は?」は、私自身を再構成してくれる私自身の「内なる異性」、もう一人の「私自身」のことだったのではないでしょうか。

（二〇一七年三月）

# 幸せの姿——水の流れのように愛することができたなら

最近、考えては、暗澹《あんたん》とすることがあります。「自分は、生きていた頃の妻を、どれだけわかっていたのだろうか」と思い直してみるときです。

妻と一緒だったのが二四年、一人になって二七年。いつのまにか、一人暮らしの時間のほうが長くなってしまいましたが、その間、特段の理由もなく、妻のことなら、わからないことは何一つないものとばかり思い込んで過ごしていました。

ところがあるとき、ふとしたきっかけで、「自分には妻のことがどれだけわかっていたのだろうか」と改めて問い直す機会があり、実は何もわかってはいなかったのではないか、とそう思えた瞬間、まるで自分のなかに一人の人間失格者を見たように、何とも言えぬ胸苦しさを覚えました。

結婚生活二四年という歳月は、決して長いとは言えないかもしれませんが、また短すぎる時間でもなかったはずです。にもかかわらず、その間、私は、妻の存在について深く考えることも、深く見詰めることもしてこなかったとしか言いようがありません。唯一例外的な時間があったとすれば、それは妻が死の病に罹ってから亡くなるまでのあの一年半、自分の愚かさを厳しく責め、後悔し、日々、祈るようにして妻を見詰めていたあの一年半のことだったのではないでしょうか。しかしその時間は、あくまでも特殊な時間で、私の日常と呼べる時間ではありませんでした。

私はこんなふうに結論せざるを得ませんでした。ひょっとすると、私という人間は、一生のあいだに、たった一人の人間すら深く理解することも、思いやることも、愛したという確かな自覚すらもないままに終わってしまう人間なのだろうか。ひょっとすると自分という人間は、満足に人を愛する能力すら欠けているのではないのだろうかと。暗澹たる思いの中心にあるのは、そんな思いでした。

しかし、ときにこんなふうに考えてみることもあります。これは、自分だけのことなのだろうかと。誰もが同じように感じ、同じように煩悶し、苦しんでいるのではないのだろうかと。人は、他者を深く愛したいという強い願望を心の奥底では持ちながら、この世に生きて生活している限りは、その願望に行き着くことも、それを成就することもないままに一生を終わる、そんな悲しい存在なのではないだろうかと。

まだ在職中のことでしたが、勤め先の先生のことで脳裏に焼き付いている光景があります。

その先生は他学部所属の先生でしたが、どの大学にも学部を横断してご一緒の仕事をするさまざまな場面があって、先生とお近付きになったのも、そんな折のことでした。当時、先生は六〇代の半ば過ぎぐらい、私の方は、それから間もなく妻を亡くすという頃合いでしたから（妻を亡くすのは五三歳のときでした）、五〇代に入ったばかりの頃だったでしょう。

ご一緒の仕事を始めてからほどなく、先生がつい先頃、奥様を亡くされたばかりだということを人づてに伺いました。とても辛い思いをされているのだ、というお話でした。

それからまた間もなくして、やはり人づてに、今度は先生が再婚されることになったというニュースを耳にしました。やや唐突で、驚きもしましたが、文学青年の面影をそのままに残して、どこか寂しげな雰囲気もある先生であってみれば、別段不思議のない話だとも思えました。しかし何よりも驚いたのは、お相手となるその女性が、先生の学生時代の初恋のひとだったということ、しかもその後一度もお会いしたことはなく、調べに調べた末にやっとその所在を突き止めることのできたお相手だったということでした。

脳裏に焼き付いているのは、私がお祝いの言葉をさりげなく述べたときの、先生の口からほとばしるように溢れ出てきた次のような言葉でした。「私は、毎朝、仏壇の前に座るたびに、妻にこう言ってやるんですよ。腹を立てたいなら立ててみるがいい。私の前に現れて、そう言ってくれ、姿を見せてくれ。幽霊にでもなんにでもなって、私の前に出て、顔を見せてくれってね」

それを聞きながら、私は奥様を慕う先生の深い悲しみを痛いほど感じていました。そして同時に、人間の心というもののなんと頼りなくて、哀しくて、そして美しいものであるのかを目の当たりにしているような気がしていました。

それから間もなく、先生のその後の結婚生活があまり順調ではないらしいという情報が聞こえてきました。お二人の結婚はお子様たちから疎まれ、ご夫婦の間にもそれぞれの思いの違いが明るみに出て、結局、結婚は破綻をまぬがれざるを得なくなったということのようでした。

思えば先生もまた、寂しさのなかで深い愛に憧れ、それを成就することに憧れながら、生きるという現実を前にして、その愛に行き着くこともないまま、行き暮れてしまったのかもしれません。

限りなく深く人を愛したいという思いは、誰しもが抱く本能的な願望なのかもしれませんが、それが奥深い本能から発するものであればあるほど、その愛は、あまりにも美しく、純粋すぎるものにならざるを得ないのかもしれません。

そんな愛が現実のものとならない限り、本当の愛はないのだと思うとしたら、それはやはり、数ある人間の執着心の一つなのかもしれません。

たとえ輝きがなくても、たとえ色あせて見えようとも、水の流れのように何気ない心遣いが通い合っている限り、そこには正真正銘の愛があり、そんな愛を生きることこそ確かな一つの幸せに違いないと、穏やかな同年輩のご夫婦を見るにつけても考える今日この頃です。

（二〇一七年九月）

# 悲しみにかまける時間も――それが生きている証なのだから

死への直面、そしてその死の一時的な執行延期、それがすべてのものをかくも、貴く、かくも神聖なもの、かくも美しいものにしてくれるのである。そして私はかつてないほどにすべてのものを愛し、それを抱擁し、それによって自ずから圧倒されたいと感じるのである。わたしの目にする川がいまだかつてそんなにも美しく見えたことはなかった。死とそのたえずつきまとう死の予見が人をして愛さしめ、より情熱的な愛を、可能にしてくれるのである。もしわれわれに、自分が死なないものだとわかっていたら、果たしてわれわれは、情熱的に人を愛し、いやしくもエクスタシーを味わい得るものか疑わしい。

――心臓ショックから回復したときアブラハム・マズローのしたためた手紙

（ロロ・メイ著、小野康博訳『愛と意志』より引用）

やや硬い訳文のため読みづらいかもしれませんが、上記の引用文は、「人間性心理学」という分野を開拓したアメリカの心理学者アブラハム・マズロー（一九〇八―七〇）の手紙文の一部です。死の危機から奇跡的に生還した直後の、彼の目に映る世界の劇的な変化を伝えています。すべてのものが突然、限りなく貴く、神聖で、美しいものに見え始めます。世界のあらゆるものを、彼はかつてないほどに愛し、抱擁し、その美しさに永遠に圧倒されていたいと願います。そして、こんなふうに考えるのです。「もし死というものがなかったら、死の予見というものがなかったら、人はこれほどまでに人を愛し、愛することの喜びに恍惚とすることがあっただろうか」と。

なんという美しい言葉でしょうか。こんな意識をたとえ一瞬でも持てたとしたら、どんなにか幸せなことでしょう。しかし現実には、こうした瞬間はいつでも恵まれるというものではありません。マズローの場合のように、死の危機から奇跡的に生還したような場合や、いくつかの条件が偶然に重なり合った稀なる瞬間に、至福のように立ち現れてくるのが、こんな瞬間なのでしょう。それ以外は、おしなべて単調で平板な日々の連なりにしかすぎないというのが、私たちの日常ではないでしょうか。

そんなとき、私はいつも詩人吉野弘の詩「burst 花ひらく」（一九七九）の一節を思い出します。

諸君！

魂のはなしをしましょう
魂のはなしを！
なんと長い間
ぼくらは
魂のはなしをしなかったんだろう――

と。テレビで放映された山田太一のドラマ『キルトの家』で、山崎努扮する孤独老人がまるでリフレインのように繰り返していた一節ですが、この叫びは、虚ろな日々を送る私たち自身の心の叫びでもあったのでしょう。

確かに魂と触れ合うことの少ない人生ではありますが、私たちにはその魂と確かに触れ合う時間もあったのではないか、そしてその時間とは、伴侶を亡くすという稀有な体験にかかわる長い悲嘆の時間のなかにあったのではないか、私にはそんなふうに思えてなりません。

このことと関連して、私はかつて私たちの会に参加されたある男性の言葉を忘れることが出来ません。年齢は六十代半ば、素朴な自然児といった感じの方でしたが、語り始めると途端にわっと泣き出し、すぐまた平静に戻ると、今度は笑顔で話し出すという具合で、その素朴さ、自然さには抗しがたい魅力がありました。

四〇年来連れ添った奥様を亡くされ、寂しさに耐えかねた末に、私たちの会を知り、参加されたとのことでしたが、関心を引いたのは、幾度となく繰り返されるその方の次のような発言でした。「自分のこの悲しみの感情についてですが、私にはどうもこれが、自分が勝手に作り上げた勝手な感情に過ぎないように思えて仕方ないのです。自分で勝手に作り上げては、自分で自分を悲しみの感情で金縛りにしている。だって、そうではありませんか、妻はもうこの世にはいないのですから。存在していないのですから。存在していないものに対して、悲しみの感情を自分で勝手に掻き立てているのですから」と。

初めのうちは、この言葉をどのように理解すればよいのか迷いました。同席していた他の参加者たちも、恐らくは違和感を覚え、怒りさえ感じていたかもしれません。それも当然です。他の参加者たちにしてみれば、伴侶がいままさに「いない」こと、「存在していない」ことが何よりの苦しみの原因であり、悲しみの原因であって、それを癒すためにここに来ていたのですから。

しかし、その方の発言を繰り返し聞いているうちに、私はあることに気づいたように思ったのです。ひょっとすると、この方は素朴な仏教的発想のもとに、自分の悲しみについて語り、必死の思いでその悲しみの対処にあたろうとされているのではないのだろうかと。

仏教では古くから「唯識」あるいは「唯心」という考え方がありました。現実界には実在しているものは何一つなく、存在しているように見えるものも、実は、自分の心が勝手に作り出しているる幻影にすぎないという考え方です。怒り、悲しみ、愛着といった煩悩と呼ばれるものも同じで、さまざまな苦しみとして現れる煩悩は、実は外側にあるものというよりは、自分自身の欲望が作り上げている幻影にしかすぎず、欲望を滅しさえすれば、煩悩もまた自ずと消え失せるというものでした。ひょっとすると、この方は、死別の悲しみを、「煩悩」と同じものと考え、そう考えることで、襲いかかる悲しみに必死で対応しようとしているのかもしれない、とそう気づいたのです。

それは予想外に新鮮な考え方のように思えました。確かに、死別の悲しみは一つの執着、煩悩と言えるものかもしれません。それを「煩悩」と見なすならば、「煩悩」は切り捨ててしかるべきものという大義のもとに、その悲しみを忘れ去り、捨て去ることも、比較的容易になるかもしれません。

しかし、すぐさま疑問も感じずにはいられませんでした。死別の悲しみを煩悩と見なしてよいものだろうか。また、煩悩と見なせば、それで悲しみが即座に消え去るものなのだろうか。そもそも死別の悲しみを煩悩として片づけること自体に問題はないのだろうかと。

悲しみの感情が容易に切り捨て難いのは、それなりの理由があってのことなのです。死別によって引き起こされる悲しみは、残された者の意識のなかでは、死者への哀惜、つまり死者への愛と同一化されているのが普通です。残された者にとっては、悲しむことが死者への愛の表明であり、悲しむことが死者への弔いの行為であるという無意識の思いがあります。悲しみが続いているということは、死者への哀惜の思いがいまなお続いているということであり、自分なりの弔いの時間が十分に費やされたと心のどこかで納得するものがない限り、悲しみの感情は続きます。逆に言えば、弔いの時間が十分に費やせたと心のどこかで納得ができさえすれば、悲しみの感情は自然と安らいでいくことになります。その納得を徐々に準備し、形成していくのが、「悲嘆の作業」と呼ばれる学習の過程なのです。悲しみには悲しみが担う役目というものがあり、それを、単なる「煩悩」として片づけてしまうことには、問題があるのです。

私はこんなふうに考えざるを得ませんでした。時満ちるのを待つこともなく、悲しみを切り捨ててしまうということは、悲しみとともにいま自分に訪れようとしている人生への深い理解や反省の機会を切り捨て、死者が用意してくれた成熟の道を捨てて、悲しみ以前の無知な自分に立ち戻ってしまうことではないのだろうかと。それは、内面を見据える目を捨て、ひたすら前だけを向いて生き続ける生者たち一般の大河に連なることではないのだろうかと。それは一見、生きる生者たちの命の大河に加わるように見えながら、実は、内省を見捨て、魂を忘れた虚ろな亡者たちの群れに加わることではないのだろうかと。

ともすれば、私たちは、意識して生きることを軽んじて、無意識という忘却の大河に加わることに急ぎ過ぎるのではないでしょうか。それが証拠に、私たちは「形あるもの」を「形あるまま」に保ち続けることが出来ません。どんなに辛い悲しみでも、どんなに重い苦しみでも、いずれは崩れ去り、消え去ろうとします。形を保ち続けるための緊張に比べたら、崩れ、消えていくことのほうが、はるかに楽であり、安定もしているからです。しかし「形」とは、別の言葉でいえば、「個性」のことであり、「個的な特質」のことであり、自分にだけ固有な「魂」のことでもあるのではないでしょうか。

無意識の大河に比べたら、個々の私たちの存在は、岸辺にほんのひととき淀んでいる小さな泡粒にしか過ぎないかもしれません。しかし小さな泡粒ではありますが、その泡粒は大河の流れからは屹立して、小さいながらも一つの独立した小宇宙を営んでいる「私」という個体です。この個体には、大河にはない意識があります。大河にはない悲しみがあり、苦しみがあり、涙があり、感情があり、そして記憶があります。

その記憶が、伴侶の不在のなかに、ときに伴侶の俤を垣間見させ、幾度となく悲しみの記憶を掘り起こしては、魂との出会いを模索させます。

いずれは、生きとし生きるものすべてが立ち帰る、大自然という真の意味での命の大河に加わるのでしょう。それまでの間、それまでのもうしばらくの間、独立した「私」という意識のなかで、悲しみ、苦しみ、そしてときに喜びを感じながら、自分なりの生きる意味を模索し、魂の在りかを探ってみたいと思うのです。

悲しみを切り捨てるのではなく、悲しみとともに生きてみる、これこそが、生きていることの何よりの確かな証なのかもしれません。

（二〇一八年一二月）

# 晩節にあたっての想い――ささやかな私の願い

今年もまた、暮れから新年にかけて親しい知人友人の訃報に接しました。毎年訃報に接するたびに、自分自身がいままさに晩年にあることを意識します。

西洋には、「メメント・モリ」という言葉があり、ラテン語で「死を覚えよ」というほどの意味ですが、死を意識することから遠ざかってしまった私たちにとっては、どうやら年末年始の訃報の便りが、「メメント・モリ」の代用を務めているのかもしれません。

「メメント・モリ」という言葉は、西洋では、中世後期から十七、八世紀頃にかけて盛んに使われていたようです。絵画にもそれが現れていて、美術館などで当時の絵画を見ていると、骸骨や砂時計を描き込んだ絵をよく目にしますが、その骸骨や砂時計が、絵画手法による「メメント・モリ」の表明でした。

声高な「メメント・モリ」の呼びかけが、宗教性の強い当時にあってもなお必要であったのは、恐らく、人間というものが、生きている限りは、死を「覚える」ことにひどく不得手な動物であったからに違いありません。呼びかけられれば、当座は神妙にもなるものの、瞬く間にそれも忘れて、日々の享楽的な生活に戻ってしまうのが、人間というものの習いだったのかもしれません。いつの時代にあっても、人間とはそういうものであったわけですが、実は、生きている人間の意識そのものが、そのように出来上がっているのではないのかと常々思っているところでもあるのです。

私は人間の意識というものを、一本の銅線になぞらえて考えてみることがよくあります。おもて見は一本ですが、中にはさらに細い銅線が一杯に包み込まれている、そんな一本の銅線です。

日常、私たちは、人間の意識が幾層にも重なっているなどとは考えてもみません。いま使っているこの意識が唯一無二の意識だと思って、日常の生活をこなしています。ところが、実は、その意識の下には、さらに物忘れの層やら、深い忘却の層やらのいくつもの層が重なっていて、そこには無数の意識されていない希望やら恐怖やら欲求やらが何層にもなって包み込まれているのです。その内容の一つ一つを、私たちは意識化することはしていません。また、それが出来るわけもなく、また、その必要性も感じないまま、ただ漠然と、意識全体を一本の生きる意欲としてとらえています。もし意識下の内容を意識化することが出来たとしたら、とても怖くて生きてはいられないでしょう。生物学的観点に立つ限り、人は死を恐れることはあっても、死そのものを認知する機会はないのでしょう。なぜなら、生きている限り、意識は常に生の方向だけを向いていて、死は、生命が途絶えるその瞬間まで認知されることはなく、したがって、死は、死によってしか認識されないということになるからです。「死を覚える」ことの難しさがよくわかります。

よくこんな質問を受けたことはありませんか。「もしあなたの余命があと三か月だとわかったら、あなたはいま何が一番したいと思いますか？」

この質問票を見るたびに、いつも困惑してしまいます。第一に、今この時点で、死を強く実感することが出来ないからですが、第二に、それ故、選択すべき対象が一向に定まらないのです。したいこと、してもらいたいことが、ないというのではありません。逆に、ありすぎるほどにあるために、何を選んでも、必ず、さらにそれ以上のものがあったと後悔するに違いないと思うからです。生きている人間の意識とは、こういうものではないでしょうか。

もし私がもっと若くて、生命活動ももっと盛んな時期にあるなら、選択はずっと楽だったかもしれません。さまざまな欲求や願望のなかから、どれか一つを比較的容易に選び出し、それに向かって邁進することも出来たでしょう。研究テーマや仕事の目標をいち早く見つけ出し、ほかの誰にも負けない成果を夢見てそれに没入し、あるいは、さまざまな冒険や体験対象を即座に選び出し、決断して、それを楽しむことも出来たでしょう。生命力が豊かであるということは、その対象が本当に自分に相応しいものかどうかの判断を度外視して、ただそれがそこにあるからという、それだけの理由で、躊躇も逡巡もなく、その対象に没入できる能力でもあるからです。問題は、それがいつまで可能であるかということですが、残念ながら、それはせいぜい、五〇代の半ばぐらいまでではないでしょうか。

人間も四〇を過ぎたら、もう前ばかり見ていてはいけない、後ろを振り返ることも覚えなくてはいけない、とよく言われます。それは、前向きなだけの意欲には、心の内側を見る視点、言い換えれば、「成熟」や「内なる魂」を見つめる視点にどうしても欠けるからです。全力投球してきたその対象が、実は、自分が本当に求めていたものというよりは、単に生活のために、あるいは、全力投球をしたいという欲求を満たすために、たまたまそこにあったからに過ぎなかったということは、決して珍しいことではありません。

たった一度の人生なのだから、なにか魂に触れるようなことをしてみたい、そんな対象を見つけてみたい、そんな衝動に駆られるのが晩節というものなのではないでしょうか。

では、どのようにして、何を見つけ出せばよいのか、それが問題なのですが、正直のところ、私自身にもよくわかりません。ただ、これだけのことは、わからないながらにも言えそうです。それは、これまでの長い人生のなかで積み重ねてきた数限りない試行錯誤のおかげで、まだ定かとまではいかないまでも、人生に対するそれなりの覚悟、それなりの諦め、それなりの心の態度と言えるものが、徐々にではありますが、出来上がりつつあるようだということです。

以前、この場を借りて、オーストリアの精神科医ヴィクトール・フランクルの「生きる意味」についてお話したことがありしたが、彼は「生きる意味」について、こんなふうに考えていました。「生きる意味」とは、自分から求めても求められるものではなく、むしろ反対に、人生そのものが私たちへの「問いかけ」として差し出してくるものだと。

人は人生のさまざまな局面で、さまざまな決断を迫られることがあります。友人の苦境に出くわしたとき、結婚相手の選択を迫られるとき、生死にかかわる逆境の中で、なお自己の尊厳を守り抜くかどうかの選択を迫られるときなど、その状況はさまざまでしょう。

人生が差し出すこのような「問いかけ」に対して、自分はどのように対応するのか、その対応の仕方いかんで、「生きる意味」が姿を現し、あるいは消え去りもします。鍵となる基準は、その際に、どこまで「自分本位」の欲望を捨て去れるか、ということです。己の限界をわずかにでも乗り越えて、より高い境地を切り拓くことが出来るとき、そこには「生きる意味」が立ち現れ、出来なければ「生きる意味」は立ち消えます。

しかし、ここで忘れてならないのは、生きる意味が生じるためには、それを生じさせるに足る「心の態度」というものが、「覚悟」というものが、まず前もってそれなりに準備されていなくてはならないということではないでしょうか。

「生きがい」も「充実感」も「幸福」も、結局のところ根は一つです。そのいずれが実現するためにも、大切なことは、何を「する」かということの前に、「生きがい」や「充実感」や

「幸福」を受け入れるに足る心の準備が出来ているかどうかということではないでしょうか。「準備」の整っていない心から、意味ある「行為」が生まれるとは考えられないからです。

心の準備を整えて、待つ。これが「待つ」ということの正しい意味であり、「生きる意味」や「生きがい」や「幸福」の正しい待ち方なのでしょう。幸いにして、私にはまだ、心して待つ時間がありそうです。それをしばらく待つ間、私のほんのささやかな願いを、二つだけあげてみたいと思います。

その一つは、残る晩節を、出来ることなら汚すことなく終わりたいということです。

私がこれからなにか悪事を働くということはなさそうですが、「魔が差す」ということがあります。ふとした気のゆるみから、思いもかけぬ過ちを犯さないとも限りません。とても怖いことだと思っています。キリスト教には、「主の祈り」というものがあり、「天にましますわれらの父よ」で始まるその祈りの最後の部分は、「われらに罪を犯すものをわれら許すごとく、われらの罪をも許し給え」とあり、続いてこういう言葉で終わっています。「われらを試みにあわせず、悪より救い出し給え」。

旧約の「原罪」という考え方を深く包み込んでいるキリスト教であってみれば、この最後の祈りも当然と言えば当然ですが、罪、科というものに強くこだわるこの部分を唱えるたびに、人間の脆さ、危うさに敏感なこの祈りに、私は人間的な親しみを覚えるのです。

二つ目は、これからどんなに年齢を重ねようとも、また、どんな境遇に立ち至ろうとも、私なりの「品位」だけは、出来得る限り持ち続けたいということです。

「品位」というと、「見栄」や「体裁」につながるものと考えられがちですが、ここで言う「品位」とは、そうしたものとはまったく関係ありません。強いて別の言葉で言えば、「あるべき姿の内なる自分」への忠誠、「可能性としてある自分」への忠実とでも言い替えることが出来るかもしれません。

人はそれぞれに、いまある自分とは別に、「理想としての自分」、「可能性としてある自分」を、いつも心のどこかに秘めているものではないでしょうか。いつも自己保身にばかり走る自分、いつも腹を立ててばかりいる自分、いつも怖がってばかりいる自分が、いつもの自分であるならば、いつも逃げてばかりいない自分、簡単には怒らない自分、泰然自若として怯えることのない自分を、密かに思い描くのではないでしょうか。

「品位」とは、そんな可能性としてある「内なる自分」に出来る限り忠実になること、そしてその忠誠心を最後まで守り抜くこと、それを人は「品位」と呼ぶのではないでしょうか。

そんな忠誠力、持続力を持つ老人に、私はなりたいと願っています。

（二〇一八年三月）

# 私にとって、伴侶の死は——悲しみの記憶のなかの宝物

それはダイアナ妃の悲劇的な事故のあった年のことでしたから（事故は一九九七年八月三〇日のことでした）、妻が亡くなって間もなく満七年目になろうとする頃のことです。その年の四月から、私は勤め先の大学から海外研修の期間をいただき、最初の三か月間をニューヨークで、七月からは英国のロンドン近郊に滞在していました。英国の大学はまだ休暇中で、一日の大半を読書と散策に費やしていました。

英国では廃墟となった墓地を見かけることが多いのですが、私の住んでいたアクトン・タウンの周りにも、そんな箇所がいくつかありました。その頃の私の最大の楽しみといえば、そんな墓地を訪れては、まるで宝物でも探すように、草むらをかき分けては古い墓石を見つけ出し、薄くかすれた墓誌を判読していくことでした。

西洋の墓石は個性的なものが多く、見ているだけでも楽しいのですが、とりわけ魅力的なのはその墓誌でした。故人が愛誦した聖書などからの引用を書き写すのは普通のことですが、ときに故人に対する遺族の深い想いや感謝の気持ちを、美しい詩のような言葉にして彫り込んだりしています。そんな墓誌をゆっくりと読んでいくのは、なんともこころ癒される体験でした。

少し足を延ばすと、近くには公園墓地もあり、そこにも何度か足を運びました。公園墓地なら墓石に不足することはありません。一つひとつ墓石の前にたたずんでは、墓誌を丹念に読んでいきます。ある墓誌によれば、残された伴侶は、先だった伴侶の後をまるで追いかけるようにして数か月で亡くなっています。伴侶の死後、なんとか数年間を生き延びたことを示す墓誌もあれば、死後、二〇年以上も逞しく生き抜いているもの、また、亡くなった最初の妻の名前の後に、別の女性の名前が刻み込まれているものなど、さまざまでした。それを一つひとつ読み進めながら、残された後の伴侶の心中を想像し、その後の人生を思い描いてみるのでした。ある日、読むのに熱中しすぎて閉門時間を忘れ、気づいたときにはすでに門は閉ざされ、錠まで降ろされていて、やむなく墓地のベンチで一夜を明かしたこともありました。

当時、なぜこれほどまでに死者たちの動向に心引かれたのか、今にして思えばよく理解できることです。妻の死後、私もまた、延々と連なる一人暮らしの時間に言いようのない不安を覚えていたに違いないのです。これからの長い孤独の時間に果たして耐えられるのだろうか、妻の死後、即座に自分に言い聞かせた必死の決意をどこまで守り切れるのだろうか、これからの人生にはもう喜びや楽しみはないのだろうか、そんな不安と恐れが死者たちの先例に限りない関心を抱かせたのに違いありません。しかし気づいてみれば、妻を亡くしてからすでに二〇年以上がたっていました。平成二年、五三歳で妻（五二歳）を亡くして、今年で満二八年。妻と暮らしたのが銀婚式に三か月欠ける二五年でしたから、一人暮らしの時間の方が長くなってしまいました。この間、私は妻の死とどのようにかかわってきたのか、妻の死とは、私にとってどんな意味を持っていたのか、そんなことを改めて考え直してみる気持ちになりました。

ミーティングに参加される方々が、異口同音に必ずお訊ねになることがあります。「今のこの悲しみは、いつになったら消えるのでしょうか」と。

私たちはいつもこんなふうにお答えします。「消えるということはないかもしれませんが、でも、今の悲しみは必ず和らいでいきます。元気になられます。これだけは信じてください」と。そして続けてこう付け加えるようにしています。「でも、悲しみは忘れてはならないもの、大切にしなくてはならないものかもしれませんね」と。自身のことを振り返っては、「悲しみほど大切なものはないのに、悲しみほどまた忘れやすいものもないのではないか」と、密かに反省してもいるからです。

どんなにつらい悲しみでも、どんなに重い苦しみでも、当初のままの状態を保ち続けるということはありません。いずれ薄らぎ、変化し、和らいでいきます。「いつになったら消えるのでしょうか」という問いかけ自体にも、実は、大きな誤解があるのです。

悲しみには、「和らぐ」ことはあっても、「消える」ことはないからです。「消える」ということは、「記憶」をなくすということと同じですから、私たちに人格の統一というものがある限り、「記憶」は存在し続け、悲しみもまた、記憶のなかで生き続けます。「消えた」ように思えるのは、悲しみが「記憶」の遠い片隅に姿を潜めて、意識の表面から遠退いたからにすぎません。

しかし、悲しみが「記憶」のなかに生き続けるということが、自分の人生にとって、どれほど有難いことであり、どんなに大切なことであるのかを、私たちは後々気づくことになるのです。ときおり、自分にこう問いかけてみることがあります。「妻の死は私にとってどのような意味を持っていたのだろうか」と。答えはいつも同じでした。気恥ずかしさをかまわずに申し上げれば、それは、私が、妻の死を通して、初めて「魂の愛」とも呼びうるような一つの情感があることを教えられたことでした。

もちろん「魂の愛」というものを、言葉では知っていました。しかしそれはあくまでも文学的な、あるいは抽象的な世界でのことであって、現実を生きる自分とは無縁なものとばかり考えていました。ところが、病魔と闘う妻の姿を見、自らの不甲斐なさと罪の意識、後悔の思いにさいなまれながら、全身全霊で妻の回復を祈ることから、それらしき情感を垣間見ることが出来たように思ったのです。生まれて初めて、価値ある自分自身の誕生を見る思いがしました。

しかし、目覚めたその自分は、自力で発見された自分ではありません。妻の病と死という大きな犠牲を代価として、外側から与えられたものにすぎません。私はその新しい自分を失うことを恐れました。特殊な条件のもとで生まれた感情は、その条件がなくなるとともに、瞬く間に消え去る運命にあることを私は知っていたからです。

私は二つの感情の間で、揺れ動きました。価値ある自分の発見を喜ぶ高揚感と、いつその自分が消え去りはしないかという恐怖感。伴侶との死別を体験した者ならば、多少なりと同じような感情を誰もが感じてきたのではないでしょうか。

ミーティングに参加される方々がそれを明らかにしてくれます。参加者たちは一様に、死別の悲しさ、苦しさを訴える一方で、同時に、「今のこの悲しみから立ち直りたくはない」とおっしゃるのです。一見矛盾とも見えるこの感情も、考えてみれば、矛盾でも何でもないことがわかります。悲しみの感情は、しばしば残された者たちの意識のなかでは、死者への「愛」と同一化されているからです。悲しみを感じることが、すなわち死者を愛することであり、それ故、もうしばらくの間、そんな自分と一緒にいることを望むのです。

この事実がさらに明らかにされるのは、亡くなった伴侶について参加者たちが語るときの、その語り口を聞くときです。参加者たちは深い悲しみを込めて故人について語るのですが、その口調には、恋する人への思いを語る初恋の人の口調にも似たものがあり、「魂の愛」に没入する喜びさえ見えるほどです。

非日常のものとも言える「魂の愛」は、死別体験に伴う稀有な感情の一つですが、何物にも勝る癒しと再生の源泉となるこの愛は、残念なことに、その後深められることもなく、程なく立ち消えてしまうのが普通のようです。立ち消えてしまう理由は簡単です。そこで語られる「魂の愛」が、もっぱら自分の伴侶だけに向けられた「私的」な愛に終始して、広がることを知らないからです。「魂の愛」が根強い癒しの力となるためには、それが「私」を超えた関心事にまで深まることが必要なのですが、死別の悲しみで手一杯のこの時期に、それを求めるのは無理なのです。死別直後の悲嘆状態は、悲しみというより、突然の喪失に伴う不安と混乱に起因することが多いため、意識は自ずと自己保存的にならざるを得ないからです。

この時期に有効な対応策があるとすれば、それは無理に悲しみを押え込もうとはせず、とにかく一日一日を無事過ごすことだけに専念すること、そして、閉ざされがちな心をさらに閉ざすことを防ぐためにも、周囲の援助は素直に受け入れ、人的交流の芽をつぶさないよう努めることです。有効な立ち直り作業が始まるためには、より「深い悲しみ」が必要となるのですが、この時期にそれを求めるのは無理なのです。

逆説的に聞こえるかもしれませんが、立ち直るために必要な「深い悲しみ」は、心にある程度の余裕が出来て、初めて生まれてくるものです。半年から一年がすぎる頃から、徐々にその準備は整いますが、身の凍るような寂しさや孤独感も増してきます。「深い悲しみ」は、凍るような寂しさや孤独感のなかから次第しだいに育ってくるものなのです。

悲しみが深まるとともに、当初の私的に過ぎた関心も、徐々に外側に向かって広がり始めます。深い悲しみは、自然と、自分以外の人たちの悲しみにまで共感の輪を広げずにはいられなくなるからです。そしてある日、自分と同じ悲しみを持つ人たちに、安らぎと平安を祈っている自分がいるのに気付くかもしれません。立ち直りや癒しの感情は、こんな心のあり様からもいつとはなしに育ってきます。

もちろん、こうした心の状態は一夜にして出来上がるものではありません。「悲嘆作業の四つの課題」（本書27頁）でも説明させていただいたように、苦しい悲嘆の過程を幾度となく繰り返すことのなかから、それは徐々に培われてくるのです。

三年がたち、五年がたち、一〇年がたつうちに、悲しみは徐々に薄らぎ、遠退いて行き、やがて悲しみがあったことすら忘れかけます。楽しさ、明るさばかりが目立つ日々が続くかもしれません。しかし、それと軌を一にするようにして、理由のわからない心の虚ろさもまた募り、ときおり、罪と後悔の遠い記憶がしきりと立ち帰って来たりもします。そして、そんなある日、心の奥にかすかなうずきを覚えるように、悲しみの記憶が立ち戻り、かつて「魂の愛」を見出した日のあったことを思い出します。

悲しみの記憶に感謝するのは、こんなときではないでしょうか。自分の生き方を修正し、残る人生に失いかけた意味を取り戻してくれるもの、そして、なにものにもまして大切な、人生への愛と人への愛を取り戻してくれるもの、それが、遠い記憶のなかに埋め込まれていた「魂の愛」への記憶だったとしたら、私は改めて妻の死に感謝しなくてはいけないと思うのです。

（二〇一八年一〇月）

# 「妻の写真」——心のなかに飾れたら

テレビや映画で、仏壇に飾られている亡き伴侶の遺影に手を合わせる光景を目にすることがあります。そんなとき、「いまだに奥様のことが忘れられないのかな、心優しい人なんだな」などと考えては、なにか羨望のような、後ろめたさのようなものを覚えることがあります。

妻を亡くしてまだ日も浅い頃には、私も、仏壇代わりに使っている床の間に妻の大きな遺影と幾葉かのスナップ写真を並べて、朝夕二回、ローソクに火をともし、線香を立てて、感謝やら謝罪やらをごちゃまぜにして呟きながら、妻の顔をしげしげと見詰めるようにしていたものです。写真の妻は、その都度、その日の私の気持ちを読み取りでもするように、ときに静かに微笑んでいるようにも見え、またあるときには悲しみに沈んでいるようにも見えたものです。

あれから二九年、今でもローソクと線香、それに朝一番のお茶を忘れずに供えては、写真の前に座わり、呟き続けているのは以前と同じなのですが、いつの頃からか、目の前に妻の写真が並んでいることは承知しながら、私の目は、目の前の写真を見るでもなくすり抜けて、姿なき何物かに向かって語りかけているらしいのに気づくようになりました。語りかけている相手は疑いもなく妻であるのに、目の前の妻の写真には目が留まらない。むしろ妻の写真を見るのを億劫がっているような、見ることを避けているような、そんな自分がいることに気づくようになったのです。見たくないというのではありません。ただなんとなく億劫なのです。これは、テレビや映画に出てくる主人公たちとはだいぶ違うぞ、と密かに思い、これはいったいどうしたことなのだろう、私が薄情なだけということなのだろうか、それとも、何か別の意味があるのだろうか、なぜかそんなことが気になるようになりました。

妻が亡くなって七、八年になるころ、私は海外研修を兼ねてアメリカとイギリスに滞在したことはすでに何度かお話しししているところですが、その頃の私の最大の楽しみと言えば、行く先々で、その地の墓地を巡り歩き、ときには草むらをかき分けまでして墓石を探し出しては、墓石に刻まれている墓誌を読むことでした。残された伴侶がその後どのような人生を辿っているのか、それを想像してみるのが、その頃の私には、ひどく心惹かれることだったのです。

そんなある日のことです。新しくできたばかりの墓石があるのに気付き、その前に立ったときのことでした。そのときには、すでにいくつもの墓誌を読み終えてきたばかりのところで、心は自然と瞑想性を帯び、死者たちの魂の波動までがなんとなく身近に感じられるほどにまでなっていたのではないでしょうか。何気なくその墓石の前に立ち、墓石正面の手摺の部分に目をやったときのことです。私は一種恐怖のような、見てはならないものを見てしまったような、異様な違和感を覚えたのです。

そこには、死者の生前のカラー写真が彫り込まれていて、ただそれだけのことでしたが、私にはその写真がいかにも生々しく、生前の感情のすべてをあからさまに映し出しているように見えたのです。死者に対する家族たちの強い愛着をおもんばかれば、写真を飾ること自体には何の不思議もないことでした。しかし、死者たちとの交流を時間をかけて経てきた私には、それはあまりにも生々しく、死者の世界におよそそぐわないように思えたのでした。

妻の写真に心なしか戸惑いを感じ、見ることに躊躇を覚える感覚も、あのときの墓地で覚えた違和感とどこかで一脈通じるものがあるのではないだろうか、そう考えるようになったのは最近のことでした。

写真は確かに、時間の力に逆らうようにして、消え去ろうとする現実の残影を一枚の映像のなかに残してくれます。しかし、一瞬の映像でありながら、写真は、親しい人の写真であればあるほど、付き合いの深く長い人の写真であればあるほど、その一葉のなかに包み込まれる記憶の量は、深く厚いものとならざるを得ないでしょう。

どんなに仲の良い夫婦であっても、どんなに幸せそうな夫婦に見えても、夫婦が人間同士の関係である限りは、平坦、無風の関係であったとばかりは言い切れません。長い生活の間には、憎しみ合うことも、反発し合うこともあったはずです。自分の夢や理想に寄り添おうとしてくれない相手に対して、言葉にならない深い怒りや不満や失望を感じることもあったはずです。

一瞬をとらえただけの、変哲もない写真のように見えながら、実は、夫婦の歴史とさまざまな過去の記憶を一つ漏らさず包み込み、無言のうちに表出しているのが、写真というものではないでしょうか。過去の自分の愚かさを、過去の伴侶のもどかしさを、出来ることなら見ないままですませたい、思い出さないままですませたい、そう思うことがあったとしても別に不思議なことではないはずです。

子供の頃、母が年上の女性と交わしていた会話を印象深く聞いていたのを覚えています。母は、私が一三歳のときに、夫（つまり私の父）を亡くしましたが、それが、父の死以前のことであったのか、それ以降のことであったのか、今となってははっきりとはしないのですが、多分、父の死後間もない頃のことだったのかもしれません。何かの用事で訪ねてきたその老婦人は、母に向かって、こんなふうに話していたのです。「死者の写真はいつまでも飾っておいてはいけないそうですよ。死者がいつまでも成仏できないと言いますからね」と。

母は、いつもの母らしく、それを肯定するでもなく否定するでもなく、ただはにかむように、考え込むようにして、聞いていましたが、どういうわけか、その部分だけは私の脳裏にしっかりと残りました。

恐らくその女性は、仏教的な「執着心」とか「煩悩」とかいう意味合いから、そう語っていたのかもしれません。「いつまでも死者に執着していてはいけません。執着心は、死者の魂を現世にいつまでも縛りつけて、あの世に行けないようにしてしまいますからね」と。

しかし、私には今、こんなふうに思えてならないのです。私が妻の写真を見るのをためらい、躊躇するようになったのも、また、イギリスの墓地の前で激しい違和感を覚えたのも、結局のところ、私の心の奥にいつの間にかこんな思いが醸成され始めていたからではないのだろうかと。「私が当初のままの自分でないのと同じように、死者もまた、当初のままであり続けることはあり得ない。私が時間とともに意識の広げ、変化し続けているのと同じように、死者もまた限りなく広がり、飛躍しているのに違いない」のだと。

妻の死と、それに伴う自責と後悔と悲しみを通して、私は着実に意識を広げ、かつてない自分自身に目覚め、変化し、それなりに成長しようと心がけてきたことだけは確かです。残された私自身が成長しているとするならば、それはとりもなおさず、私のなかに記憶として生きている妻もまた、確実に成長し変化し続けているということではないのだろうかと。

目の前の写真のままであるはずがない、もっと別の彼女がいるはずだ、そんな思いが、私の目を、目の前の写真をすり抜けさせているのかもしれないのです。そして、死者の写真をいつまでも飾っておいてはいけないと言ったあの老婦人の言葉のなかにも、もしかしたら同じ思いがなかったとは言えないでしょう。

写真は飾っておいてよいのです。ただ、飾るのに相応しい別の場所もまたあるということなのでしょう。仏壇の前でも、壁でも、欄間でもなく、それは、死者と生者とが自由に行き交い、互いに成長を確かめ合える「心のなか」という空間なのかもしれません。

（二〇一九年一〇月）

# Ⅱ　悲嘆《グリーフ》に関するQ&A

**❖立ち直りが人より遅いようで不安です。立ち直りには普通どれくらいかかるのでしょうか？**

立ち直りに、早い、遅いは実はあまり関係ありません。人それぞれによって息の長さに違いがあるように、立ち直りに要する時間も異なるからです。三か月ほどで早々と元気になられる方もいれば、四年、五年と長引く方もいらっしゃいます。私たちの会には、死別後二〇年以上もたって初めて訪ねて来られるという方も決して少なくはありません。

これは、当初の悲嘆状態が、二〇年以上ものあいだ同じ状態で続いているということではありません。悲しみは、時間とともに、年齢とともに、変化していきます。この変化していく悲しみを、そのときそのときの年齢のなかで、自分を見つめ直す機会として、有益な形で生かしていくことが大切なのです。

悲しみは、恐れたり、忌避したりする対象ではなく、自分の成長のために大事に見つめるべき対象なのですが、悲しみの辛さが意識の全面を覆っている間は、悲しみの意味まで考える余裕がないのが普通です。

立ち直りに要するごく一般的な時間はと問われたら、一人で対処する日にち薬による方法の場合と、グリーフ・ミーティングなどの会に参加する場合とでは、早さにおいて多少の違いが見られます。総じて言えば、二年から三年ということになるでしょうか。その頃になると、やっと自分らしが戻って来たように感じられますが、それまでの間は、日々なすべき務めは支障なくこなしているのに、あとから振り返ると、どこか夢の中にでもいたような感じがするのが普通です。

立ち直るためには、悲しみを避けたり、抑えたりはせず、むしろ素直に表現して、悲しみとしっかり向き合うことが大事です。

忘れてならないのは、先に述べたように、立ち直りに要する時間は、人それぞれによって異なるということです。その理由はおそらく、悲しみの感情が残された者の意識のなかでは、弔いの意識と深くつながっているためと考えられます。自分なりに十分に弔いの時間が持てたと感じられたときに、悲しみの感情も自然と治まっていくようです。

その人に必要な喪の時間は、その人そのひとの性格、生い立ち、愛着の度合い、故人との生前の関係などによっても異なってきます。いずれにしても、自分なりに十分に喪に服したと感じられるときに、立ち直ろうとする意思と意欲が自然と湧き起こってきます。これが立ち直りのための心理的メカニズムなのです。


**❖死別の悲しみは、夫婦の関係のあり方によっても違ってくるものなのでしょうか？**

死別後の悲嘆は、それまでの夫婦関係のあり様によっても、異なってくるのが普通です。なぜなら、伴侶との死別による悲嘆は、パートナーを失うというその一事だけから生じているのでなく、伴侶が担っていた役割や意味を同時に失うことからも生じているからです。

夫婦の関係は、大雑把に分けて五つの型に分けられるのではないでしょうか。「相互独立型夫婦」、「相互独立依存型夫婦」、「一方依存型夫婦」、「相互依存共生型夫婦」、そして五つ目が「反対感情併存型夫婦」です。

「相互独立型夫婦」というのは、文字通り、夫婦が互いに独立性を認め合い、双方が比較的自由に行動しているような夫婦のことです。この型の夫婦の場合は、互いの信頼関係が豊かに形成されているのが普通で、そのため、死別後にもその信頼性が生き残っていて、悲嘆が複雑化することがなく、立ち直りも早いようです。

「相互独立依存型夫婦」というのは、夫婦がほぼ均等に依存し合い、かつ一定の独立性を保持しているような夫婦のことで、多くの夫婦は普通この形に属しています。良好な依存感情は、夫婦円満の潤滑油でもありますから、この種の依存性はむしろ好ましい依存性と言えますが、依存性がある分、相手を失えば、やはりそれなりの痛手をこうむるのが普通です。

「一方依存型夫婦」と言うのは、どちらか一方が他方に一方的に依存している関係のことですが、残されるのが依存していた側であった場合、当然、悲嘆感情は重くなります。これまで依存するのが当然であったわけですから、依存する対象が失われれば、強い喪失感に苦しむことになります。これまでの意識を即座に切り替えることは不可能ですから、辛い喪失感に耐えながら、徐々に精神的自立を築き上げていく努力をしていかなくてはなりません。

悲嘆が複雑化しやすいのが、「相互依存共生型夫婦」の場合です。「共生型」と呼ばれる理由は、この夫婦が常に二人一緒でないといられない、安心できない、というタイプの夫婦であるからです。お子さんのいらっしゃらないご夫婦などによく見かけられるタイプですが、このタイプの場合には、パートナーの喪失は、自分の存在自体が揺るがされるほどの深い不安感と孤独感を伴うことになるのが普通です。悲嘆の複雑化を防ぐためにも、強い意志力をもって、精神的自立に努めなくてはなりません。

意外と思われるかもしれませんが、悲嘆感情が複雑化しやすいタイプとして、最後の「反対感情併存型夫婦」があげられます。「反対感情併存型夫婦」というのは、愛と憎しみという、対立する二つの感情が常に併存しているタイプの夫婦です。ですから、生前には喧嘩や言い争いが絶えることはありません。にもかかわらず、このタイプに悲嘆の複雑化が生じやすいのは、ひとつには、その憎しみや怒りの感情がしばしば愛着や愛情の裏返しであって、好ましい関係、理想的な関係を願うが故の憎しみであり、怒りである場合が多いからです。相手の死によって、求めていた愛の部分は未解決のまま消え去り、憎しみの部分だけが深い罪の意識となって残るため、悲嘆の複雑化が起こりやすいと考えられます。

ところで、どんな夫婦の場合にも、以上あげた五つのタイプのどれか一つに固定されているということはあり得ません。夫婦関係というものは、そのいずれもの型が少量ずつ取り入れられて成立しているのが普通です。違いはただ、どのタイプがより優勢であるかということだけなのです。自分たちの場合は、どのタイプが優勢であったのか、一度振り返って考えてみるのは、立ち直りに方向付けをするためにも、意味のあることかと思われます。

### ❖悲しみの感情は、回避してはいけないのでしょうか？

まだご主人を亡くされて間もない方でしたが、参加者のお一人からこんな質問を受けました。「とにかく心が落ち着かないので、これまでやめていた趣味の会をいくつか復活させ、友人のお誘いにも出来る限り応じています。これでは外出のしすぎでしょうか？」と。

その日の会の冒頭で、「悲しみの感情を和らげ、悲しみの感情から立ち直り、癒されるためには、逆説のように聞こえるかもしれませんが、悲しみの感情から逃げてはいけないのです。それとまっすぐ向かい合い、悲しみの感情の真っただ中を通りすぎる以外に、悲しみを癒す方法はないのです」と話し終えたばかりでした。

確かに、悲しみから立ち直るためには、悲しみの感情を封じ込めるのではなく、素直に開放することが大切です。

立ち直るには、いくつかのなすべき作業があると言われます。その最も重要な作業の一つが、「悲しみの感情のなかに入る」ということ、つまり、「悲しむ」ということなのです。さらに、悲しみには、悲しむべき時期というものがあって、その時期を逸してしまうと、悲しみが複雑化したり、慢性化したり、その後別の喪失体験に出会うことで、封じられていた悲嘆感情が増幅してぶり返してくることさえあります。質問者はこれを聞いて、当然のことながら不安を覚えたのでしょう。

しかし心配するには及ばないのです。悲嘆を「回避する」と言っても、その「回避」の度合にはとても幅広いものがあって、通常は、「異常なほどに」回避するということはないものです。それに、悲嘆の感情は、楽しむ気持ちと対立矛盾するものではありません。人間の心はとても多様かつ豊かなもので、悲嘆感情のさなかにあるときでも、楽しみを味わうことは出来るのです。ただ当初は、楽しむよりは、悲しむことのほうがすっと自然であるということなのです。

この質問者のように、「回避」しているのではないかと、反省したり、不安に思ったりするほどに心の柔軟性がある場合には、全く問題はないのです。むしろ、「回避」しているのに、決して「回避」していないと頑なに思い込もうとするような、心の硬直性が見られるときが危険なのです。

### ❖立ち直るには意志力が必要なのでしょうか？

大きな視点から言えば、立ち直るためには、やはり意志力は必要です。しかし、意志力さえあればすぐにでも立ち直れるということとは違います。意志力は必要ですが、その意志力は意識して使うというよりは、行きつ戻りつの長い悲嘆の状態を繰り返した後に、あるとき、ふと、一種の納得感を伴う決断のようなものとして、意志力が自然に行使されると言うのが正しいかもしれません。その事情は、立ち直るという心の作業の成り立ちを考えるとよくわかります。

立ち直るまでには、通過すべきいくつもの局面があります。死と初めて対面した直後には茫然自失と混乱の状態があり、次いで、ふとしたきっかけから唐突に喚起される脈絡のないさまざまな記憶や光景のフラッシュバック、それがある程度落ち着くとともに、次には死者の面影を人なかに追い求める追慕・追憶の時期があり、幾度となく押し寄せる後悔や怒りや罪の意識に苦しむ時期、そして深い抑うつ状態。そうしたいくつかの悲嘆の局面を経過しながら、悲嘆感情は一定の安定した立ち直り状態のなかに入っていきます。

立ち直るためには、こうしたさまざまな局面を経過しなくてはならないのですが、単に経過するだけでなく、回復と逆戻りとを幾度となく繰り返し、ときに深い抑うつ状態にもおちいりながら、悲しみの体験そのものを深めていくことが、悲嘆状態から抜け出すためには必要なのです。

以上のようなプロセスをすべて経てゆくことが、普通、悲嘆の作業と呼ばれているものですが、この作業は意識して行われるというよりは、知らず知らずのうちに行われているのが普通です。こうした幾つかの作業が、自分のなかですべて完了したように感じられたとき、自分なりの理解と納得がどこからともなく生まれてきます。「もう、これで十分」と言う声がどこからともなく聞こえてくるような感じです。立ち直ることを決断する意志力は、そのとき自然に働き出します。もし働き出さないようであれば、そのときこそ、意志力を行使して、内なる声を選び取る勇気と決断を促さなくてはなりません。

必要な意志力というのは、この意味での意志力ですが、この意志力は、必要な作業をすべて済まさぬうちは、なかなか有効とはならないのです。

**❖感情を素直に表現出来ると、立ち直りも早いと言われていますが、本当でしょうか。また男性と女性とでは、立ち直り方にも違いがあるのでしょうか？**

男女の立ち直り方の違いからお話ししますと、基本的な形は同じだと言ってよいでしょう。当初のショック状態から、死の否認、追憶、罪の意識や怒りの感情、否定しえない死の現実を意識するとともに訪れてくる抑うつの状態、そして、その抑うつ状態を一定期間経過した後に訪れて来る、日常性への反転といった、いわゆる「立ち直り作業」の過程は同じなのですが、男女間では、その過程で微妙な差があることも事実です。

悲しみから立ち直るには、悲しみの感情を素直に認め、受け入れ、表現することがとても大切なのですが、女性に比べて、男性の場合は、感情表現が比較的不得手なのです。かつての男性の場合、ミーティングの場でその日のテーマについて語る際に、前もって語ることを紙に書き出し、それをその場で読み上げ、「はい、終わりました」とばかりにすませる人が少なくありませんでした。その点、最近の男性は感情表現も素直で、豊かになりましたが、それでもなお時折、素直な感情表現がなにか男らしくない、恥ずかしいことのように感じられているふしを見受けることがあります。

感情を素直に、しかも豊かに表現できる人の方が、立ち直りはずっと早いようです。その理由の一つには、感情表現そのものにカタルシス（浄化）作用があるためと思われますが、そのほかにも、立ち直るためには、様々な形で自分のなかに隠れている悲しみの要素を、一つひとつ取り出しては、確認していく作業が必要であることと関係しているのかもしれません。自分のなかに潜んでいる悲しみの原因となる要因のほぼすべてと向かい終えたと自分なりに感じられたときに、立ち直りの準備は完了するものと考えられ、感情表現を控えることは、その作業を妨害してしまうことにもなるからです。

「日にち薬」という言葉があるように、時間は確かに癒しをもたらしてくれます。しかし、「日にち薬」とは、今述べたいくつかの作業を、自分一人で確認していくことになりますから、作業が完了するまでにはそれなりの時間がかかることになります。しかし、同体験者が集うグリーフ・ミーティングなどに参加すると、そこに参加した人たちの多様な悲しみをいちどきに聞き、疑似体験し、共有することになりますから、多様な感情や状況を確認する時間が大幅に短縮されることになります。

ミーティングに参加される場合にしろ、一人で悲しみを処理する場合にしろ、大切なことは、「今のこの悲しみは、いずれ必ず癒される」ということを信じることです。今の苦しい気持ちを、焦ることなく、いらだつことなく、優しくいたわるようにして見守りながら、とにかく一日一日を大過なく過ごして行くことです。癒しの作業は、苦しんでいるこの瞬間にも、心の深い部分では、意識されることなく着実に進められているからです。

人はそれぞれに、生い立ち、過去の体験、性格などによって、十分に弔えたと確信できるまでの時間が異なり、むしろ、必要とされる弔いの時間は、人それぞれに前もって定められているのではないかと思うことさえあります。その時間が満たされ、全うされたときに、「もう、これでよい」という気持ちがどこからともなく湧き起こり、立ち直りが始まります。

悲しみは、恐れず、拒絶しようとせず、ゆっくりと、優しく見守るような姿勢がとても大切です。

**❖辛い悲しみからは早く抜け出したいと思う一方、もうしばらくの間抜け出したくない、という気持ちもあります。どう理解すればよいのでしょうか？**

どちらの気持ちも本当なのです。死別直後から少なくとも一、二年の間は、そう感じたとしても自然なことで、実は、多くの方々がそのように感じているのです。

愛する人の死に関する限り、後悔の思いや罪の意識は根強く残ります。亡くなられた伴侶への思いが強ければ強いほど、また後悔や罪の意識が強ければ強いほど、伴侶の死を悼み、心を痛め、悲しむことが、自分にできるせめてもの償いであり、愛の証であると考えても不思議ではありません。

死別後しばらくの間は、悲しむこと、心を痛めることが、伴侶への愛の思いと一体化していますから、心の痛みを失うことのほうをむしろ恐れるのです。

体内時計のように、人はそれぞれに「弔いに要する時間」を持っています。その時が満ちるまでは、矛盾とも感じられる二つの感情を抱くことは自然なのです。

互いに矛盾するとも思える二つの感情を抱くのは、死別直後には普通に見られる現象のようです。

**❖人のお話を聞いていても、つい「自分の方がずっと辛いのに」と考えている自分がいます。立ち直りに影響するでしょうか？**

そういう気持ちはよくあることですが、本気で立ち直ることを望むのなら、「悲嘆競争」は持ち込むべきではありません。死別の悲しみに、軽重の差はないからです。死別の対象は、親、兄弟姉妹、友人、子ども、伴侶などさまざまですが、それぞれの悲しみは、それぞれの場合において同じ重さを持っています。

立ち直ろうとしているのは、他人の悲しみからではなく、自分自身の悲しみからのはずです。自分の悲しみから真剣に立ち直ることを考えるなら、他人の悲しみと比較するのは無用なことなのです。自分の悲しみだけをしっかりと見つめて、立ち直る努力をすればよいのです。

同じ比較でも、「良質な」比較というものがあって、以下のような場合は「良質な」比較であって、その比較は、むしろ、立ち直りを助けてくれるでしょう。

一人でいる限りは、誰しも自分のことしかわかりませんから、自分の悲しみが世界で一番つらい悲しみだと考えがちです。しかし、ミーティングなどに参加して、高齢の人であれば、そこで自分よりもずっと若い人たちが悲嘆に暮れている様子を目撃し、また同年代の人同士の場合であれば、自分よりもずっと深刻な悲しみの事例に接することにもなります。

高齢の方の場合であれば、「ああ、若い人がこんなに悲しんでいるのだから、高齢の自分が悲しい、悲しいとばかりは言っていられない」と考え、同年代の人同士なら、「世のなかで苦しいのは自分だけでなく、自分よりもっと苦しい人もいるんだ」と気づくことになるでしょう。「自分よりずっと苦しんでいる人もいるんだ」と認識する比較は、同じ比較でも、はるかに良質な比較と言うことができます。なぜなら、そのように考えられる心には、自分だけへの狭い関心を越えた、広さや優しさや客観性があるからです。そうした要素は、立ち直りを促すとても大切な要素でもあるのです。

**❖立ち直りがもう一つすっきりしません。「一度心底から泣くことが出来さえしたら」と思うことがあります。私だけのことでしょうか？**

「思いきり泣けたら、もっとさわやかになれるのに」という思いは、実は多くの方々が共通して抱いている思いなのです。悲しみから立ち直る作業においては、「涙を流す」行為は決して恥ずかしい行為ではなく、むしろ必要とされる、大切な行為なのです。同じ涙でも、すすり泣くだけの軽い涙よりは、慟哭にも近い深い悲しみの涙の方が、立ち直るためには有効だと言われています。母の不在を悲しんで、激しく泣き叫んだ後の幼児の、あの安らかな眠りを見てもわかります。深い悲しみの涙には強い浄化作用があるからです。それは科学的にも実証されていて、深い悲しみの涙には、怒りや憎しみの涙とは違い、ストレスを解消するのに有効なセロトニンなどの脳内物質が多く含まれていることが報告されています。

しかし、深い涙を流す機会は、日常生活ではなかなか恵まれないばかりか、性格もあって、容易に出来る人、出来ない人があります。大事なことは、悲しみは回避せずに、ゆっくりと時間をかけて見つめ続けていくことが大切です。時間をかけて見詰められた悲しみは、深められ、純化されますが、立ち直るためには、この深められ、純化された悲しみが必要なのです。

深い悲しみがあって初めて、立ち直る意思も生まれてくるからです。

**※古い友人から『突然のご不幸にさぞ悲しまれていることでしょう』という手紙をいただき、ひどく傷つきました。「私は不幸なんかではない」と叫びたい気持ちになりました。おかしいでしょうか？**

愛する伴侶を亡くされた方々が、知人や友人からお悔やみの言葉を受けて、違和感を覚えたり、傷ついたりすることはよくあることです。「伴侶も失ったこともないあなたに、私の悲しみが本当にわかるの？」という気持ちがつい起きてしまうからです。死別の悲しみだけは、実際に経験した者でない限りは本当にはよくわからないというのも事実で、そのことは、私たち自身が伴侶を亡くして初めて気づくことでもあります。

しかしその一方で、お悔やみを述べてくださる方々の苦労も理解して差し上げる必要があるのかもしれません。死は、日常的な出来事というわけにはいきませんから、愛する人を亡くされた方々に対して、どのような言葉をかけてよいのか、言葉の用意がないのも事実です。どう表現してよいのかわからないので、つい型通りのお悔やみ言葉を使ってしまうということにもなりがちです。相手の言葉の足りない分は、こちらのほうで気持ちを汲み取り、補ってさし上げるぐらいの気持ちを持つのも大切なことかもしれません。お悔やみには、言葉などは使わずに、相手の目を温かく見つめたり、優しく手に触れたりなど、体全体で表現する方が無難なのかもしれません。

「私は不幸なんかではない」というお気持ちもよくわかります。亡くなった伴侶への愛と感謝の思いが強ければ強いほど、その死を「不幸」だなんて感じることは、亡くなった伴侶に対する冒瀆のようにも感じられるからです。そのお気持ちは十分理解したうえで、なおご自分を素直に見つめてみれば、やはりご主人を亡くされたことは、悲しく、「不幸なこと」ではないでしょうか。こだわりを捨てて、「不幸である」という事実を素直に受け入れることも自然で、大切なことかもしれません。

そして最後に、もし万が一にも、「不幸でない」と叫びたくなるそのお気持ちのなかに、ご友人たちの誰よりも恵まれていたご自分の結婚への優越感が関係していたとしたら、そのこだわりだけは捨ててください。喪失を素直に悲しむ、ごく普通のひとりの女性に立ち戻ることが、恵まれていたその結婚にこそふさわしい豊かな心の現れ方なのですから。

**❖死別後間もない間は、引越しや家の売り買いなど、大きな決断を要することはしないようにと言われましたが、本当ですか。それはなぜですか?**

総じて死別後しばらくの間は（少なくとも一年ぐらいの間は）、引っ越しや、家の売買など、生活に直接大きな影響を及ぼすような決断は控えるのが良いとされています。理由は、伴侶との死別といった人生上の大きな変化の後では、心理状態がきわめて不安定になるためです。

伴侶と過ごした家には思い出がいっぱい溢れています。身の回りの何を見ても、思い出の詰まったものばかりで、その一つひとつが悲しみを引き起こします。ですから、共に過ごした家に住むこと自体が苦しくて、引っ越しをしたいと考えるのも無理からぬことです。
しかし実際には、引っ越しをしたからといって、すべてにおいて気持ちが楽になるとは限りません。むしろ新しい環境が新たな苦痛の種になることもあって、安易に家を処分してしまったことをあとあと後悔することもしばしばです。
大きな危機を体験した直後の心理はとても変化しやすく、しかもその振幅がきわめて大きいことを、前もって知っておくことはとても大切なことです。ほんのわずかなことで深刻な抑うつ状態に陥ったり、ほんのわずかな親切や好意に接しただけでも、たちまち途方もない幸福感を覚えたりで、この時期はとにかく振幅が大きいのです。そしてさらに重要なことは、そのいずれもの気持ちも永続するものではないということです。過度な幸福感も一瞬のことなら、深い抑うつ感も決して永続するものではありません。間もなく心が安定してきます。心が安定するとともに、信頼するに足る判断力も戻ってきます。大きな選択や決断をするのは、それからでも決して遅くないのではないでしょうか。

**❖「支える会」では心から理解し合えていた仲間が、最近疎遠になりだしました。悲しいです。どのように対応したらよいのでしょうか？**

「支える会」でご一緒した仲間は、悲しみ苦しみを互いに包み隠さず話し合った仲ですから、強い仲間意識と人間関係を作り上げます。なんでも語り合えるこんな仲間が持てたことに、心から感謝したいと思われるに違いありません。将来の孤独や不安について話し合い、助言し合い、支え合える友人が持てたことは、なんとも心強く、この関係を生涯にわたって持ち続けられたら、と願われるのも当然です。

しかし考えてみますと、こんな仲間が持てたのも、もとをただせば、伴侶を亡くした悲しみという共通点があったからで、立ち直りが進むにつれて、互いの気持ちにも少しずつ変化が生じてきたとしても不思議ではありません。

会に参加したそもそもの目的も、立ち直ることでした。かつての仲間たちから少し距離を置きたいと考えるようになったとしたら、それは立ち直りが進んだことの何よりの証拠で、むしろ喜んでさしあげるべきことかもしれません。

しかし、これほどまでに共鳴し合える友人が持てるということは、生涯を通じてもそうあることではありません。もしこんな友人たちを生涯にわたって持ち続けていきたいと望まれるのなら、こんなことを考えてみるのも良いかもしれません。

友人関係を維持する何よりの秘訣は、「親しき仲にも礼儀あり」の精神を忘れないことです。たとえどんなに親しくても、心のどこかに節度としての適度な距離を忘れないことです。節度を保つということは大切な礼節の一つなのです。

生活環境も、生活感情も異なる者同士が、たまたま一つの共通項のもとに集まったのですから、やがて考え方や感じ方において、互いの相違点に気づくことがあっても当然です。考え方が違うから、感じ方が違うから、だから離れるというのではなく、一度その相違点について、自分なりにじっくり考えてみてほしいのです。それぞれが育ち、育んできた家族や家庭は、それぞれ一つの文化なのですから、それは文化の違いかもしれないのです。

友人関係というのは夫婦関係と同じです。寛容と忍耐の心をもって相互の理解に努めるならば、その相違点は、実は自分に欠けている部分であり、自分を「成長」させてくれる意味深い相違点であることに気づくでしょう。

そしてもう一つ、とても大切なことがあります。それは、自分のことよりも、まず相手のことを気遣う気持ちを忘れないことです。気遣いがある限り、人間関係は壊れないのです。

**❈今日の自由な日常があるのは夫のおかげです。にもかかわらず、夫に感謝することに罪深さのようなものを感じます。**

今の自由な日常がもてることに罪深さを感じる必要は何もありません。亡くなられたご主人に対するご供養も立派に果たされたではありませんか。あなた以外の誰が、これほどまでにご主人の死に心を痛め、誰がこれほどまでに心を込めて供養をすることが出来たでしょうか。それに、ご主人の死後、あなたは、たった一人の力で、お子様のお世話まで立派に果たされたではありませんか。

おそらくあなた自身がこの世を去るとき、形式的な弔いならともかく、これほどまでに心のこもった弔いを誰がしてくれるでしょうか。それがあなたにできたのは、あなたの悲しみが、あなたがた夫婦だけに与えられ、許されていた特別の悲しみであったからではないでしょうか。

今の自由を享受する権利は、あなたには十二分すぎるほどにあるのです。この権利を与えてくださったあなたのご主人に、なんのこだわりもなく感謝してよいのではないでしょうか。ご主人もきっとそれを望まれているに違いありません。


**❖夫は友人を信用したばかりに、自死に追い込まれました。その人に激しい怒り憎しみを抑えることが出来ません。この苦しみから抜け出す方法はあるでしょうか？**


普通の怒りや憎しみなら、やがて自分なりに処理し、納得することもできるでしょうが、それが生死にかかわるような場合、感情を治めることがいかに辛く、困難なことであるか、よく理解できます。

その怒り、憎しみの感情が自分の心と命をむしばんでいくのを感じながら、それをどうすることも出来ないところに、今のお苦しみがあるのですから。

今私に思いつくことがあるとすれば、それは、怒りや憎しみの性質を逆手に取ることしかありません。怒りも憎しみも、それを一度吐き出してしまわぬ限りは、いつまでもくすぶり続けます。裏返せば、それを徹底して吐き出してしまえば、消えざるを得なくなるかもしれないということです。吐き出すという行為は、「浄化する」行為でもあるからです。

そこで、しばらくの間、自分の心の中で徹底して怒り、憎んでみることを提案してみたいのです。怒らずにはいられない、憎まずにはいられない理由を、日々見つけ出しては、一つひとつ書き出すぐらいにして、「こういうことをしたこの人が憎い、こういう理由で憎い」と、口に出しても良いし、頭のなかだけでも良いですから、何度となく繰り返しては、怒り、憎んでみてください。ある日、もう怒る理由も、憎む理由も見つからないような気がしてきて、自分のしていることが、なにか虚しいことに感じられるようになってくるかもしれません。

虚しい、無意味だと思えた瞬間から、怒り憎しみのない心がどんなにか健康的で、幸せなものであるかを痛感されるかもしれません。それが怒り憎しみから回復する第一歩になるかもしれません。

もう一つ、頭の片隅に入れておいていただきたいことがあります。怒り、憎しみの感情は、ときおり、自分自身が直視すべき問題から自分の目をそらすための手段として使われることもあるということです。

自分にはなにか意識したくない、はっきりさせたくないことがあるのだろうか、ないのだろうか、自分なりに探ってみるのも良いかもしれません。もし何かあるとしたら、臆せずそれと向き合ってください。立ち直りへの回路を閉ざさないためにも、素直にあるがままの自分を見つめ直すことは、とても大事なことなのです。

**❈夫の亡くなったことを、出来れば誰にも告げたくありません。友人にも、親戚の者にも。おかしいでしょうか？**

おかしいことではありません。強弱の差こそあれ、大切な人を亡くされた方々には、同じように感じられている方は意外に多いのです。伴侶の死を秘密にしておきたいからというのではなく、知らせないですむものなら、たとえ身近な人にさえ、しばらくは知らせないままにしておきたい、そんな思いがあるようです。

理由は幾つかあると思いますが、大きな理由としては、次のようなことが考えられるのではないでしょうか。

長い闘病の末の死であれ、自死や事故など突然の死であれ、愛する人の死の事実を受け入れることは、決して容易なことではありません。痛ましい光景や記憶が脳裏に焼き付き、自責や後悔の念にも苦しめられます。出来れば辛い記憶は思い出さず、封じられるなら封じておきたいと考えるのは自然な気持ちです。ところが現実においては、葬儀、埋葬、弔問客への対応など、辛い記憶を繰り返し再現しながら、説明し、解説する、長くてつらい時間が続きました。

「もう、そっとしておいてほしい」と感じたとしても無理からぬことです。

その上でさらに、本人すらあまり気づいていない本質的な理由も考えられます。「死の否認」という心理とのかかわりです。

「死の否認」という心理の現れ方には、深刻なものから、ごく軽いものまで、その形態や程度はさまざまですが、その心理内容を簡単に要約すれば、「まだ死者を死者として認めたくない」という無意識的な心の要求のことです。

愛する人の死は、きわめてショッキングな事実ですから、これをはっきりと意識し、認めてしまったら、場合によっては、自分自身の崩壊すら招きかねない危険があります。そこで無意識が本能的に働いて、茫然自失させることで意識を鈍化させたり、頭では死を事実として理解しながら、感情のレベルではまだ死を死として受け入れない、というような心の状態を作り出します。

「出来れば人に告げたくない、知らせたくない」という心の動きも、ごく軽い「死の否認」の心理と考えることができそうです。あえて死を「言葉にしない」限りは、少なくとも自分の意識のなかでは、死を明確化しないままにしておくことができ、死別以前の「心の状態」を保つことができるからです。

生活上支障のない限りは、この方法は意外と有効で、事実、多くの方々が無意識のうちに利用している方法でもあります。例えば、亡くなった夫や妻が「今は、海外に出張中なのだ」と想像してみるのがその一つで、こうすることで、死者が今もなお「生存している」という仮の心理状況を作り出し、「精神的な安定」を保つことができます。

しかし、それはあくまでも、「しばらくの間」の対処法にすぎません。本当の意味で立ち直るためには、やはり「死の事実」をしっかりと受け入れることから始める以外にはありません。事実の認識があって、初めて、根底から立ち直ろうとする意思の活動が始まるからです。

**❖夫の遺品が目に入ると、苦しくてたまりません。すぐにも整理したいのですが、心残りでもあります。どうするのが一番よいのでしょうか？**

よほどの緊急性のない限り、遺品の整理は急ぐことはないように思います。もちろん、衣服その他、形見分けができるものは、整理というよりは、ご主人のお気持ちをお届けするような気持ちで、身近な方に頂いていただくのはよいことだと思います。それ以外は、収納する場所がある限り、ご自分の気持ちが落ち着くまで、しばらくは手元に置いておくことをお勧めします。その場の衝動で処分してしまって、後で後悔される方は意外に多いのです。

遺品、写真、また伴侶とともに訪れた思い出の場所などに対する遺族の反応は、二分されているようです。遺品や写真を常に身近に置いておかないと落ち着かない方々がいらっしゃる一方で、伴侶を思い起こさせるものはすべて遠ざけておきたいと考える方々も同程度に多くいらっしゃいます。

どちらの反応も、伴侶を亡くしたという大きなショックが引き起こしている現象で、遺品や写真を常に身近に置いておきたいのは、亡くなった伴侶を常に身近に感じていたい、忘れたくない、という強い思いがあるからですし、遠ざけておきたいと思うのは、いましばらくの間、記憶が引き起こす辛い思いから遠ざかっていたいと思うからにほかなりません。

しかし、そうした振幅の大きい感情は、いつまでも続くものではなく、いずれ気持ちは安定し、落ち着いてきます。遺品を本格的に片づけるのは、それからでも遅くないのではないでしょうか。

遺品の処理については、こんなことも考えておく必要がありそうです。遺品を意味ある形で大切に処理できるのは、ほかの誰でもなく、残された自分自身だということです。遺品の一つひとつには、共に過ごした思い出が一杯に詰め込まれています。その思い出の品々を、無造作に、機械的に片づけられ、捨てられてしまうのは、考えるだけでも辛いことです。

思い出の一つひとつを大切にし、懐かしみ、惜しみながら片づけられるのは、やはりあなた自身しかありません。

遺品も、思い出の数々の写真も、無造作に捨てられるのを避けるためにも、いずれ自らが決断し、整理する日の来ることを覚悟しておかなくてはならないでしょう。

**❖立ち直った以降も、悲しみは消え去ることはないと聞きます。それなら、これからの人生に喜びや楽しみや心からの笑いはもうないということでしょうか？**

そんなことはありません。人生の喜びも楽しみも、心からの笑いも感じることが出来るようになります。ただ、「立ち直った後にも、悲しみは残るのか」ということについて言えば、その通りだと答えるのが正しい答え方になるでしょう。しかしこれについては、少しばかり説明が必要なのです。

どんなに深い悲しみのなかにあっても、生きる力を持ち続ける限りは、いずれ必ず立ち直ることに間違いはありません。ただ、ここで考えておきたいことは、「立ち直る」という状態が、どのような状態を言うのかということです。

「立ち直った」状態とは、死別に起因する様々な悲しみの感情が自分なりに整理され、納得されて、悲嘆の感情が、消え去ったと言えるほどまでに「薄らいだ」状態を言うものだということです。消え去ったわけではないのです。このことについて、私はよくこんなふうに説明します。「これまで意識の前面を占拠していた悲しみの感情が、徐々に後方に退いてゆき、その部分に、新しい感情や活動の自由を許す『空間』が用意された状態」なのだというふうに。

立ち直るということは、死別以前の、悲しみを知らない元の自分に立ち返ることではありません。事実の記憶は消え去るはずもなく、記憶としては残したまま、平常態とも言える状態に復帰することを言うのですから、命日その他の様々な記念日や季節の到来とともに、遠退いていたはずの記憶が呼び戻され、悲しみの感情が呼び覚まされても何の不思議もありません。しかし、その悲しみの感情はもはやかつてのようにとげとげしいものでも、持続するものでもなく、痛みを伴いながらも、間もなく平常の状態に戻る、どちらかと言えば、優しさすら伴った穏やかな悲しみにすぎません。

そもそも、楽しみも喜びも、それが死者を裏切るものでも、冒涜するものでもない限りは、当初から死別の悲しみと矛盾対立するものではないのです。死別後しばらくの間、そんな気持ちになれないのは、弔いを求める気持ちの方がはるかに勝るからにほかなりません。

人は悲しみの記憶を内に秘めながらも、いずれ、その記憶と矛盾しない楽しみや喜びを探し出し、見つけ出していくものです。こうして見つけ出された楽しみや喜びは、姿形は一見死別以前のものと同じように見えますが、決して同じものではありません。なぜなら、それは悲しみを通過することによって、陰影を帯び、豊かにされた、楽しみであり、喜びであるからです。その意味で、記憶というのは、自己矛盾することを許さない、安定した人格の核のようなものだと言えるかもしれません。

死別体験とは、言ってみれば、無限の意味を内に込めたマグマのようなものとも言えるのです。人は、その後の人生の節々で、このマグマからさまざまな意味を引き出し、自分を見つめ直しては、知らず知らずのうちに自分の人生を豊かにし、厚みのあるものにしていきます。

死別体験をそのような意味あるものとして見直していただきたいと思うのです。

**❖夫を亡くした辛さから、友人たちに電話を繰り返しては、友人を次々と失う羽目になりました。どこがいけなかったのでしょうか？**

人に悲しみを訴えること自体は、死別直後の混乱期においてはとても大切なことで、話を聞いてくださるご友人などがある場合は、ぜひともその機会を活用していただきたいと思います。黙っていたら身も心も崩れそうな不安と動揺に明け暮れるこの時期、誰かに訴え、受け止めてもらうことは、何よりも大切な悲嘆の作業の第一歩となります。

しかし初期のこの時期には、自分でも何を訴えたいのか判然としない場合が多く、ただ衝動的に訴えたいから訴えるということにもなり、したがって、内容にも脈絡がなく、同じことを何度も何度も繰り返すことになります。

これは、訴える側からすれば、ぜひとも必要な作業なのですが、聞く側にとっては、負担の多い作業になります。訴え手としては、重い感情を放出し、いわゆるガス抜きを繰り返すことで、精神の安定が保たれ、感情の整理も進み、立ち直るために必要な心の落ち着きを見つけ出していくことも出来ますが、感情をぶつけられる聞き手側としては、重い感情を聞いているだけで、多大なエネルギーを要することになり、間もなくその重みに耐えられなくなります。

たとえ聞き手が同じ体験をしている場合であっても、重い感情を聞き続けることはやはり負担であるばかりか、自分自身の過去の悲痛を呼び覚まされることにもなりますから、やがて耐えられなくなり、「もうそろそろ立ち直らないと、ご主人が悲しみますよ」などと、つい言い出さずにはいられなくなります。

語り手と聞き手との間には、このような大きな落差があることを前もって理解しておくことは、有効な支援環境を持ち続けるためにも大切なことではないでしょうか。

**※急性の悲しみを一時的に和らげ、忘れさせてくれる方法はないものでしょうか？**

そんな工夫も確かにあって、実は私たちはそれを無意識のうちに活用しているのではないでしょうか。ひどく苦しいときや、ひどく混乱したときなどに、思わず亡くなった伴侶の名前を声に出して呼んでいることはありませんか。理由はよくわかりませんが、そうすることで一瞬、不安が消えるような、癒されるような、心清められるような、そんな気持になるものではありませんか。いかにも子供じみていて、恥ずかしいと思うこともありますが、とても有効な方法だと思います。

こんなことが可能なのは、恐らく、心というものが（これを「人間の脳」と言い換えてもよいでしょう）、たいへん繊細鋭利である反面、とてもおおらかで、だまされやすく、包容力にも富んだ存在であることを示しているのかもしれません。私たちは合理的であることに固執しますが、その一方で、喜んで非合理なことをも受け入れようとしています。死別後も間もない頃に、突然現れた蝶や鳥や虫に妻や夫との神秘な繋がりを想像するのも、同じ理由によるのでしょう。

先日、まだ五〇代早々の若い女性の方々とお話ししていて、とても興味深い工夫をされているのを伺いました。いずれもご主人を亡くされてまだ日の浅い方々でしたが、寂しくなったり、不安になったりすると、ご主人の名前で自分宛てに手紙を書き、しかもわざわざ切手まで貼って投函するのだそうです。間もなくご主人からの手紙が届き、現実とも非現実ともつかないご主人との文通が始まって、とても癒されるというのです。「違和感はないのですか」と伺うと、そんなことはまったくなく、勇気と決断を要するような問題に直面したときなどには、ことのほか有効だとのことでした。

同じような癒しの交流は、伴侶の遺品を身近に置いて、折にふれては話しかけたり、身に着けたり、手で触れたりすることでも再現するができるでしょう。ある男性の場合には、日々の日記を妻に宛てた手紙形式で書くことで、苦しい時期を抜け切ることができたと聞きました。

私自身の経験からも、こうした方法の有効性は十分にうなずけることでした。私が妻を亡くしたのは私が五三歳、妻が五二歳のときで、人生の忙しい盛りの時期でしたが、二人はともに教職にありましたので、学生引率やら海外研修やらで、別々に家を留守にすることも珍しいことではありませんでした。妻が亡くなったばかりの頃、私は幾度となく「妻はいま出張中なのではないだろうか」と錯覚したり、自らそう考えたりしたものです。するとたちまち、留守宅を預かるときのいつもの生活感覚が立ち戻ってきて、安心して仕事に励むことができました。この半ば意識的、半ば無意識的な自己暗示が私の場合にはとても有効で、数年間はこの方法が生き続けていたように思います。

しかし、急性の不安や孤独を紛らわすための錯覚や暗示の有効性は、比較的短い期間に限られるのかもしれません。間もなく現実的な思考の方が優勢を占めてきて、錯覚はやはり錯覚であり、自己欺瞞は自己欺瞞にすぎないのだという、覚めた感覚に打ち勝てなくなるからです。

こうした錯覚が癒しの感覚として自然なかたちで永続的に生き始めるのは、逆説的に聞こえるかもしれませんが、急性の悲嘆状態も収まり、平静と安定とが戻り始めてからかもしれません。永遠に切り離されたとばかり思えていた伴侶が、その頃になると逆に身近に感じられるようになり、望めばいつでもそばにいてくれるようにも思え、「あなたの命が私のなかに生き、あなたが私自身となり、私を内側から支え、導いてくださいますように」という自己流の祈りの言葉も、さほど不自然とも思えなくなってきます。その頃からでしょうか、遺品に触る機会も間遠になってくるのは。

なんと言っても、立ち直るための最も確かな方法は、言うまでもなく、悲しみの真っただ中を通り抜けながら、逃げることなく悲しみと向かい合い、時間をかけてじっくりとその悲しみを消化吸収して、自分の成長につなげていくという方法、いわゆる「悲嘆の作業」を自分なりにしっかりとこなしていくことではないでしょうか。

**❖夫を亡くしてから悲しみの感情が消えることはありませんが、時折、新しい愛があれば、悲しみは消え去るのではないかと思うことがあります。非常識なことでしょうか、罪深いことでしょうか?**

非常識でも、罪深いことでもありません。そういう気持ちを持たれることは、むしろ自然なことではないでしょうか。私たちの心のなかには、より完全な愛と幸せを常に夢見る気持ちが本能的に備わっているように思います。その思いは、私たちの心の奥底に生きていて、ご主人を亡くされた後ではなおさら、その空虚感を埋めようとするかのように、その思いが心の奥底から浮き上がってきたとしても何の不思議もないことです。幸福な結婚をして、幸福な家庭を営んでいる最中でさえ、より完全な愛と幸せを希求する気持ちは生き続けています。夫や妻に対して、ときに怒りや不満や失望を覚えることがあったのは、実は、二人の関係を少しでもより理想的で完全なものに近づけたいと願ったからではなかったでしょうか。

妻より先に亡くなるものとばかり考えていた私は、時折、とても奇妙なことを想像することがありました。それは、私が亡くなった後で、妻が新しい愛を見つけることもあるかもしれない、と想像することでした。急いで付け加えますが、それは嫉妬の感情とは全く異なるもので、むしろ反対に、妻の幸せを願うあまりの不安によるものでした。

私の死後、支えを失った妻がなにかにすがりたいと思い、さらには新しい愛に心惹かれることがあったとしても、それはごく自然な成り行きに違いなく、そう思う気持ちに嘘偽りはありませんでした。

しかしそう思った瞬間、胸苦しさを伴うある強烈な不安が頭をよぎったのです。それは、妻がその愛に裏切られることはないのだろうか、万が一にも粗末に扱われるようなことはないのだろうか、という不安でした。それだけは何としても耐え難いこと、辛いことに思えました。おそらくは、私自身が自分自身をどこかで信じ切ることが出来なかったからかもしれません。そんないきさつもあって、愛があれば、悲しみはすべて解消されるのではないかというお気持ちは、とてもよく理解できるのです。

もしいま言及されているその愛が、最初に述べた、心の奥底に潜む愛への憧れ以上のものであるのなら、いま私が述べたのと同じ思いを、亡くなられたご主人もあるいは感じておられるかもしれないと考えてみることは、一息呼吸を入れる上でも、意味のあることかもしれません。

充実し、かつ永続する愛は、双方にそれなりの愛の苦悩の経験があり、それ故の成長の契機に恵まれて初めて成り立つもので、実は、頭で考えるほど容易に見つかるものでも、実現するものでもありません。でも、もしそんな愛が見つかったとしたら、そのときこそ、理性の目をしっかりと見開いたうえで、大切にしていただきたいと思います。それは、ご主人が願われている愛であるかもしれないからです。

しかし、大昔から、人はそんな愛を夢見ながら人生の旅を続ける、孤独な旅人であることも忘れてはならないでしょう。愛は、憧れを憧れのままにして、それを美しく生きてみるのも、人生を豊かにする一つの確かな秘訣であることも忘れてはならないのです。

**❖死別の悲しみを体験して以来、命の大切さも愛することの大切さも知りました。でもそれを生かす機会がないと思うと、虚しいです。どう自分に納得させたらよいのでしょうか。**

お気持ちは痛いほどよくわかります。伴侶との死別を通して、これまで考えてみることもなかった命の大切さ、思いやりの大切さ、愛することの大切さに気づいたのですから、この宝物のような心の豊かさを、生きている伴侶に向けて生かすことが出来たら、どんなにか素晴らしいことだろうと考えるのは当然であるからです。

でも、ここでこんなことを考え直してみるのは、意味のあることではないでしょうか。

その一つは、今のこの切なく、辛い思いが、何故起きているのかということです。

恐らくそれは、生前の伴侶に十分に尽くすことが出来なかったという痛烈な悔悟の思いがあるからではないでしょうか。実際には、自分が考えている以上に尽くせていたのかもしれません。にもかかわらず、尽くせていなかったと思えるのは、そう思えるだけの心の深さや豊かさが自分のなかに生まれてきたからに違いありません。

その深さや豊かさは、伴侶の死という体験があって初めて生まれてきているのですから、そう意味では、伴侶は単に亡くなって消え去ったのではなく、あなたのなかに確かに生きながら、今あるあなたを内側から支えていてくれているのです。

今あるあなたが伴侶と共に築き上げつつあるものならば、今のこの深さ豊かさを大切に守り育てていく義務があるとは思いませんか。

また、もしあなたが本当に伴侶に謝罪しなくてはならない理由があるとするなら、以前の自分を後悔し、悲しむことが出来るのも、やはり、新しく築かれたこの豊かさのおかげです。そして、後悔するという行為には、とても大切な働きがあることをご存知でしょうか。

後悔とは、単に自分の過ちを悔やむだけのものではないということです。これまでの心のあり方を修正し、清算し、清らかな自分を再生する癒しの行為が、後悔なのです。たとえ事実としての過去は変えられなくても、心のなかの現実は変えていくことが可能なのです。それが、後悔というものが担う大切な役目で、あなたはいまその作業に取り掛かろうとしているのです。

この心の豊かさには、さらに重要な役目があります。それは、私たちに「生きる意味」を与えてくれるという役目です。いずれ間もなく今の悲しみも収まり、改めて自分自身の一生一度の人生と向き合い、その意味を問い直すときが巡ってきます。そのとき、この心の豊かさが役立ってきます。幸せの原点とは、結局のところ、自分のことだけにかまけることではなく、自分以外の人たちにも配慮し、優しさを忘れずにいることであることに気づくからです。

伴侶の死を通して知り得た心の豊かさは、こんなふうに役立っています。それだけでも十分すぎるとは思いませんか。


**◈七〇歳代半ばになりますが、それでもなお人生に夢や憧れや輝きを求めています。年甲斐もないことでしょうか？**


いくつになっても、人生に夢や憧れや輝きが求められるということは、素晴らしいことではありませんか。むしろ、そんな気持ちを持てなくなる日がやって来るのが恐ろしいくらいです。

夢や憧れが持てるということは、いまなお生きる力が旺盛であることの証しなのです。誰の心のなかにも、その奥底には、美しい夢や憧れの源泉となる核のようなものが潜んでいて、命ある限りは、それを求めずにはいられないのではないのでしょうか。

それがどんなものであるのか、もちろん私たちにはわかりません。それが証拠に、これほどまでに夢や憧れに生きていながら、さてその夢や憧れの対象はと考えると、何を求めているのか自分でもわからないからです。

夢や憧れの対象は変幻自在で、常に姿を変えているのかもしれません。路傍の小さな花であることもあれば、ふとした人の美しい仕草であるかもしれません。「あ、美しいな」と思えたときに、それが夢や憧れの対象であり、輝きなのかもしれません。

命ある限り、私も夢や憧れや輝きを求め続けたいと思います。

**❖先日、娘から「お母さんの老後は看られないから、そのときは施設に入ってね」と言われました。こんなにも大事に育ててきたのに、そう思うと腹が立ってなりません。**

同じような寂しさ、つらさを経験されているお母様方は、最近意外と多いのかもしれません。「親心子知らず」などとつい言いたくもなりますが、その背景にはいくつか理由があるのではないかと思います。

私たち自身がかつては「親心知らぬ」子供であったわけですが、同じ子供でも、私たちの子供の頃には、もう少し遠慮というものがあったような気がしますが、いかがでしょうか。「遠慮」という空気を無意識のうちに呼吸していたと言ってもよいかもしれません。その「空気」が、伝統とか習わしとかいう目に見えない無意識の規制だったのだと思います。その規制が今はすっぽりと抜け落ちてしまった。規制から解放された子供たちは、まるで無遠慮に何でも口に出してしまうようになったのかもしれません。

子供の頃、母親からよく「お前はなんて親不孝なんだ」と言われて叱られたことがありました。その言葉を聞くたびに、なにか胸のふさがるような気持ちがしたのを覚えています。そこで私も子育て中に、何度かこの言葉を使って子供を叱ってみたい衝動に駆られたのですが、その度に、どうもこの言葉はもう死語になっているのではないかという気がして、ついに使わずじまいで終わりました。

お嬢さんの言葉も無遠慮な風潮のなかでの言葉にすぎないのかもしれません。あまり気になさることではないかとも思いますが、それにしても、言葉には、時と場合に応じて使ってよいものと悪いものとがあります。それを感じ分けるだけの慎重さや優しさを、お嬢さんを含めた子供たちには学んで欲しいところですが、大人となった今となっては、それもなかなか口に出しては言えません。

ときおり私は、思いやりや優しさの大切さは、誰もが簡単に気づけるものではないのではないか、と思うようになりました。そうした素質に最初から恵まれるか、あるいは親の歳になり、親と同じ苦労を重ねて、やっと気づくなら気づくのではなかろうかと。

この意味では、人類は同じことの繰り返えししかできない愚かな動物なのかもしれません。自分自身のことは一先ず棚に上げるとして、親の歳にならずとも気づいてくれてもよさそうなもの、とつい思いたくなるのが、また親心というものかもしれませんが、やはり、神や仏の心にも似た良心のひらめきが子供の心に宿るまでは、いかんともしがたく、その時期が来るのを忍耐強く、そして祈りつつ待つ以外にはないのかもしれません。

そして最後にもう一つ、昔から「親子は一世、夫婦は二世、主従は三世」と言います。親子の縁はこの世限りのもの、夫婦の縁は来世まで、主従の縁は過去、現在、未来の三世にわたって続くものというほどの意味ですが、親子の縁がこの世限りのもの、というくだりには寂しさも感じますが、よくよく考えてみると、この格言はとても真実をついているようにも思えます。

もし親子の関係がこの世限りのものならば、親としてもそれなりの心構えが必要です。子どもに与えたものはすべて親の務めだったと覚悟して、お返しなどは一切望まず、今残されている資力のなかで、子供たちに頼ることなく、自分なりに自立した幸せな人生を求めてみるのも、大事な考え方かもしれません。

# あとがき

本書は、前著『悲しみが癒えるとき』〈新水社〉に続いて、グリーフ〈死別の悲しみ〉、特に伴侶との死別による悲嘆とそれからの立ち直りについて、ここ何年かにわたって書き続けてきたエッセイをまとめたものです。

平成二年（一九九〇年）、五三歳のときに、私は妻を亡くしました。妻は五二歳でした。私たち夫婦はともに仕事を持っておりましたので、当時は、人生サイクルのなかでも最も多忙な時期にあたっていたのではないかと思います。子育てがあり、仕事があり、それぞれの研究があり、その上に研究会や職場の仲間たちとの付き合いもありで、夫婦でゆっくり語り合う時間も、ましてや互に深く見つめ合い、理解し合う余裕もないまま、日々をなんとかやりくりしているといった感じでした。それでも不満という不満もなく、むしろ張り合いすら感じながら過ごせていたのも、いずれゆっくり話し合える時間が来る、ゆっくり見つめ合い、理解し合い、感謝し合えるときが来る、すべてはそれからでも遅くはない、そう信じ込んで生活していたからだと思います。

ところが、別れは突如として訪れてきました。健康には微塵の不安もなかった彼女に、思いもかけぬ病魔が巣食っていました。「五三歳が迎えられたら、私はもう少し長く生きられる」、そう言っていた彼女でしたが、ついに五三歳を迎えることは出来ませんでした。

手術後、私だけが主治医から呼び出されたときの、あの恐怖にも似たショックを忘れることは出来ません。すでに癌は腹膜に転移していました。手術から旬日して、二人で陽光のそそぐ病院の中庭に出たときのことです。妻は、さりげなく手術の結果を問いかけてきました。私は主治医の言葉をオウム返しにするように「手術は成功だったよ」と答えました。しかし、それは何とも冴えない答え方だったに違いありません。「なんだか冴えない答えね。まさかあと二年とか四年とかの命というわけではないのでしょう」、妻がそう聞き返してきました。このときほど、暗く深い罪意識を感じたことはありませんでした。主治医は、「あと半年」と言っているのに、それを知りながら、私はなお妻に嘘をつこうとしている。妻に対するこれまでの不甲斐なさの一切が走馬灯のように頭をかすめ、私は初めて自分の愚かさ、至らなさを深く恥じ、後悔しました。

妻が亡くなって三年後の一九九三年（平成五年）、妻の死とともに始められていたそれまでの自助グループから脱皮して、私たちは「日本グリーフ・ケア・センター」と名称を改め、東京杉並区を本拠に、本格的なボランティア活動「伴侶との死別の悲しみにある人々を支える会」（通称「支える会」）を開始しました。辛い死別という体験も、考えてみれば、ざらにある体験というわけのものではなく、同じように悲しみを体験される方々のために生かすに足る、価値ある体験であることに気づいたのです。気持ちを同じくする仲間たちが活動に参加してくれました。悲しみのなかにこそ、本当の命があるのではないか、人の悲しみに接することが、亡くなった伴侶の命を生きることになるのではないか、私たちはそんなふうに考えました。

本書は、この活動を通じて私が考え続けてきたこと、感じたこと、気づいたことを、私自身の実感と照らし合わせ検証しつつ、文字に起こしたものです。

収録された文章のなかには、立ち直りに必要な心的作業（いわゆる「悲嘆の作業」）に関するもの、立ち直るということの心理的過程とその内容、立ち直ることと記憶との関係、死を受容する際の「納得」の心理など、比較的論理性の強いものから、年齢とともに変化する悲しみの現れ方やその受け止め方、人間の心の奥深くに根差す憧れの心、老後の人生、幸せの求め方、生きがいや生きる意味についてなど多岐にわたっていますが、いずれの文章においても、過度の論理性は避けて、平易なエッセイ風を保持することに努めました。物語性をより豊かに加味したものもあります。

前書と本書とを合わせ読み返して改めて気づくことは、そこに死別を巡る私自身のささやかな心の変遷がはからずも跡付けられているということでした。その意味では、本書はその総括編と言えるかもしれません。

妻を亡くして三〇年、この間、私は、自分の死別体験を、深く読み解く必要のある一冊の書物でもあるかのように、常にそれと寄り添いながら、見つめ続けてきたように思います。幾度となく記憶をたぐり、掘り起こしては見詰め直し、読み解くことで、私自身も少しずつ変化し、成長してきたように思います。そして、そこから私なりに最終的に読み解けた内容は、死別という体験が、忘れてしまうにはあまりにも大切すぎる、無限の真実を内に秘めた尽きることのない泉のような存在であったという事実でした。年齢とともにさまざまに訪れてくる人生の節目節目で、死別の記憶は立ち現れては、その都度自分の立ち位置を確認し、反省し、意味ある方向に修正してくれる、人生の羅針盤のようなものではなかったかということでした。

最後にこの紙面をお借りして、本書を上梓するにあたり彩流社との仲介の労を取ってくださった学兄塚本利明氏に心から感謝を申し上げるとともに、出版を快く引き受けてくださったばかりか、有益な助言を惜しみなく提供してくださった社主竹内淳夫氏に心より御礼申し上げる次第です。

令和二年三月吉日

中央大学名誉教授
日本グリーフ・ケア・センター代表
長田光展
（ホームページは、「日本グリーフ・ケア・センター」にてご検索ください。）

著者紹介

長田　光展（おさだ　みつのぶ）

中央大学名誉教授　1936年沼津市生まれ。1965年東京都立大学大学院人文科学研究科博士課程満期退学（アメリカ文学専攻）。1965年より東京都立商科短期大学講師、助教授を経て、1970年より中央大学文学部講師、助教授、教授。2007年定年退職。

平成5年より東京杉並で「伴侶の死の悲嘆にある人々を支える会」（通称「支える会」の活動を開始。現在「日本グリーフ・ケア・センター」代表。

おもな著書・訳書

『内と外の再生——ウィリアムズ、シェパード、ウィルソン、マメット』（鼎書房）

『アメリカ演劇と「再生」』（中央大学出版部）

『悲しみが癒えるとき——伴侶との死別から立ち直るために』〈新水社〉

ルイーズ・アイケンバウム＋スージー・オーバック『フェミニスト・セラピー——女性を知るために』〈新水社〉

ロバート・A・ジョンソン『現代人と愛——ユング心理学から見た「トリスタンとイゾルデ」物語』〈新水社〉

ジョン・サンフォード『見えざる異性』（創元社）

死別《しべつ》の悲《かな》しみを乗《の》り越《こ》えるために——体験《たいけん》から学《まな》びとること

2020年6月10日　初版第1刷発行　　定価はカバーに表示してあります

著　者　長田光展

発行者　河野和憲

発行所　株式会社　彩流社

〒101-0051　東京都千代田区神田神保町3-10　大行ビル6F

電話　03 (3234) 5931　FAX　03 (3234) 5932

http://www.sairyusha.co.jp

印刷　明和印刷㈱

製本　㈱村上製本所

装幀　渡辺将史



落丁本・乱丁本はお取替えいたします　　ISBN978-4-7791-2686-4 C0011